# 絲
ITO

# 君の笑顔に会いたくて

大沼えり子

保護司とは不幸にして非行や犯罪に陥ってしまった人たちと、手を携え、円滑な社会復帰に向けての手助けや、犯罪予防のための世論の啓発などを使命とする（無償の）非常勤の準国家公務員である。

保護司は、この世でたった一人、他人の家族の核に入っていくことのできる存在で、人生という道に迷った人々の道しるべとなり、その家族の再生と共に、本人の立ち直りを助けるものである。

# 絲《いと》

最近思うことがある
それは　人と人には繋がれた絲がある
ということ
どれほど離れていても
引き合ってやまない家族の絲
見ず知らずのはずの
君と私を結んだ絲
生きている中で
たくさんの人たちと結ばれた絲
だれが決めたわけでもなく

ごくごく自然に引き合い結び合う
その絲は
たぶん
生まれてから死ぬまでの一生の中で
その人のために用意され
結ばれるべくして結ばれるもの
私は　そう確信している
その絲を手繰《たぐ》ってみよう

# 目次

目　次

目　次

目次

# プロローグ

この著書は、映画「君の笑顔に会いたくて」の原作となります。

保護司である著者は、通常の保護司の範疇を逸脱、自身の意志に従い保護司活動をしているため、型破りです。だからこその少年たちとの独自の向き合い方により、難しいケースをいい方向に向けることができているのではないかと、独断にて考えています。というより、そうすることしかできないというのが本音です。

「助けて」のＳＯＳがきて動かなかったりすると、心が泣いて苦しくて居たたまれなくなります。だから苦しい心を回避するには動くしかないのです。

そんなことを繰り返していると、考えるより先に体が動いています。これは保護司としてはあるまじき行為のようですが、私の場合はこれしかないので仕方がありません。

仲間はこの私の行動癖を「本能」と位置付けます。

# たった一つ、たった一人

保護司の委嘱を受けて、はや十六年の歳月が流れた。これまでに保護司として向き合った少年たちは数十人を優に超える。その少年たちは押しなべて泣くことを忘れ、笑うことを知らずこれまでの人生を過ごしてきたことに、未だ驚きを隠せない。

しかし、私という赤の他人に出会うことで、泣き、笑う、という人間本来の感情を見出すことができるようになるだけでなく、さらに否定され続けた「生きること」を自身に許すことができるのだ。

この現実を社会のどれだけの人が知っているのだろう。保護司の存在をどれだけの人が知っているのだろう。

毎年七月は法務省が全国展開する「社会を明るくする運動月間」となっており、各都道府県がこの運動に取り組んでいるにもかかわらず、現在の周知度は全国で二九％（平成二八年度調べ）に過ぎない。

だが、この日本という国にはこのように不幸にして道を踏み外す人たちが現実におり、行き場を失いながらも社会復帰を目指し、七転八倒を繰り返している存在があるのだ。その人々は決して訳もなく非行や犯罪に手を染めるわけではなく、その背景は十分には知られていないという現実がある。

非行や犯罪から人々を守るためには、その背景や現実を知り、決して目を背けず、理解し、向き合うことが必要なのである。

何が少年たちを非行に走らせたのか、そしてどうすれば非行から少年たちや家族を救えるのか。家族、地域、社会がどうあるべきなのか、ここに記することで解決の糸口を見いだすことができたなら、そう願いつつ保護司の体験を通してその気づきの一助になることができれば幸いである。

**たった一人の少年との出会いが、私を保護司にした。**

**たった一人の少年の笑顔に会いたくて、私は保護司になった。**

**たった一つの私の家族が、私を奮い立たせた。**

この著書が一つの笑顔を生み出すきっかけになれたら……。

保護司を通して出会う家族の苦悩に歪んだ心に、私は必ず伝えることがある。それは、「今は大変ですが、あの時はこうだったよね。と笑って話せる日が必ずきます！　その日を目指して、一緒に頑張りましょう！」

そしてまた一つ、また一つ……。

私はいつもそうだ、決して多くを望んだりはしない。たった一つ、たった一人、それでいい、と思っている。そしてまた、もう一人、それが重なって行くことこそ、真の幸せへの出会いがある。そんな人生を歩んでいきたいといつも念じて……。

## 子供は悪くない

私は街で大泣きしている子供を見かける度に、胸が張り裂けそうになり、一緒に泣きたくなる。

子供は泣くという行為で甘え、表現して生きていく術を身に付ける。たとえ、その結果、叱られたとしても、包み、迎える手があることを知っているから泣けるのだ。

どんなに泣いたとしても迎える手がないことを知ると、子供は泣くことを忘れる。

私のもとを訪れる子供たちはそのほとんどが泣くことを知らない。その越えてきた言い知れぬ悲しみがいつも私の胸に去来するのだ。

ただ、彼らにとって未知ともいえる幸せや優しさに出会えた時、その均衡が破られ、せき止め続けた涙が溢れることを私は知っている。

テーブルをはさみ、泣きじゃくる少年の姿を見るたびに私は思うのだ。

「子供は悪くない……」と……。

# 山百合

私の子供が小さかった頃、我が家には毎日たくさんの友達が遊びに来てくれていた。まるで児童館のように、常に四、五人、多い時には二〇人以上ということもあった。子供たちは我が家の内も外も舞台にして縦横無尽に走り回っていた。

私はそれが嬉しくて、子供たちのために、おやつを手作りしたものだった。子供たちは皆、そのおやつを楽しみにしてくれており、その中に彼もいた。彼は特別な印象のある子供だった。

友達が皆で遊んでいると、それはそれはにぎやか極まりなく、ご近所さんに申し訳ないほどのうるささだったのだが、鍵っ子だった私にとっては、そのうるささがどこか心地よく、おやつを作る手にもかなりの勢いで力が入ったものだった。

子供たちは遊びに夢中になり、大声で笑ったり、時には喧嘩をしたり、また仲直りをしたりと、いつでも大騒ぎで、ほとんどの子は私が、

「おやつよー」

と、声をかけるまで私の存在など目に入らないようだった。

その中、じっと椅子に座って、私と一緒にいようとする子供がいた。それが彼だった。

彼は、やけに照れ屋で、恥かしそうにしながら、何を話すでもなく私の側にいる子だった。

「あら、皆と遊ばなくていいの？」

と、尋ねると、黙って、

「こくん」

とうなずく。何を聞いても「こくん」、その繰り返しだった。その後、彼の家庭環境があまりよくないことを聞き、ますます彼を可愛く思うようになり、彼と一緒のケーキ作りが、ことのほか楽しみになっていた。

## 事件

そんな幸せ満載の日々が続いていたある日のこと、一つの事件が起こった。

我が家でいつも遊んでいた友達の弟のキャラクターがなくなったというのだ。私たち大人にとっては、それは大したものではないけれど、その子にとっては宝物だった。

案の定大騒ぎになり、なくした子のお母さんまで巻き込む大事件になってしまった。

子供たちはなくなった物の行方を知っており、知らなかったのは私だけのようだった。

それは、いつも私の側にいたあの子のもとにあったのだった。

私は家に遊びに来る子供たちにいつもこう言う。

「家に来た人は皆、私の家族なのよ。だから、皆は私の子供なの。いい？」

と。

「だからね、やって良いことも悪いこともきちんと言わせてもらいます。わかった？」

とも。

おやつやケーキの効果絶大につき、皆、一様にうなずき、この時ばかりは家の子になりきる。その中で、一番嬉しそうにしていたのが彼だった。その顔が可愛くて、私はとても嬉しくなったものだった。

だから、彼がそんなことをしたなどとはとても信じられず、ショックが大きかったことを覚えている。

もっと、ショックだったのは、彼が嘘をついたことだった。彼は、

「自分は盗っていない」

と、言い張るのだ。しかし、状況から判断しても、彼の負けは歴然。

私は「なぜ、他の子のものを盗ったりしたの？　その上、嘘までついて。せめて家の物

だったなら。ああ、夢であって欲しい」そう思っていた。

しかし、現実は現実、謝ることを促した私をよそに、彼は決して謝ろうとしない。寄り添いながら、一緒に謝ろうと、何度説得しても、頑として謝ることを拒む彼に、私は怒りがこみ上げ、

「そういうことをする子は、家の子ではありません」

と、私は出ていこうとしない彼の背中を押し、家から出した。それでも憤懣やるかたなしの私は、その後、彼が我が家に来ることを拒み続けたのだった。

それから、しばらく、彼は我が家に来ることはなく、私は後ろめたさもなく、安堵の日々を送っていた。

## 許すということ

一カ月も過ぎようとしたある晴れた日の午後、干した布団を取り入れようと二階のベランダに出ると、その真下の門のところに立っているあの子が目に入った。

彼は門に付いているチャイムに手を伸ばしては引っ込め、また、伸ばしては引っ込めを繰り返している。私は彼に見つからないように、隠れるようにベランダ越しに彼を見ていると、彼は何度かその動作をした後、帰ろうとする様子が見えた。

「ああ、帰るんだな」

そう思っていると、一度帰ろうとした彼はまた、門のチャイムに挑んでいる姿があり、「まだ、いる」と私はまたまたベランダに隠れる、という状況が続いており、私はオーブンに入れてあるケーキの焼き上がりを気にしていたのだ。

すると、その時、私のその様子を見ていた息子が、つかつかと、私のもとに駆け寄り、「お母さん、どうしてあの子のこと許してあげないの！　あの子はお母さんに許してほしくてあれから何度も何度も来てるのに、どうして許してあげないの！　かわいそうじゃないか！」

大きな目に涙を浮かべながら猛攻撃する息子の言葉に、突然、私は母親として、人としての自分の心の狭さを思い知らされた。

私は思わず門に駆け下り、彼を抱きしめた。そして大人げないこれまでの所業を謝ると、無口だったはずの彼が、

「おばちゃん、ごめんなさい。もう、あんなことしないから、また、おばちゃん家《ち》の子にして」

燃えるように胸が熱くなった（あの声とあの言葉はいまだに忘れられない）。

「でもね、あれ、俺、盗ったんじゃないよ、貰ったんだもん」

この言葉に居たたまれないほどのショックを受け、頭を金づちで殴られたような感覚を覚えた。

あの時、私は彼に謝ることを強要した。悪いことをしたなら謝るのが当然だと思っていた。ましてや人の物を盗んだら謝るのは必須だというゆるぎない信念があった。だから、謝ることを彼に強要した。

しかし、大きな間違いを犯したことに気付かされた。私は彼に何の弁明の余地も与えず、その訳を聞こうともしなかったばかりか、彼が盗んだと決め付けていた。小さなこの子にあの時、ひとこと、

「どうしたの？　本当に盗っちゃったの？」

と、なぜ聞かなかったのだろう。

こんな小さな子に私は何ということをしたのか。私のもとを一時も離れようとしなかっ

たこの子の心に残した傷は、どれだけ深いものだったのだろう。

悪いのは私の方だった。私が間違っていたのだ。それなのにこの子はこんな私を慕い、ありもしない罪を謝ることで私のもとにいようとしている。

本当に悪いのは私ではないか！　本当に謝らなければならないのは私の方だったのに……。

あまりの大人げなさに情けなくて、小さな胸を痛めていたこの子に申し訳なくて、可哀想で、可哀想で、身の置き場を失っていた。

「謝るのは私のほうだったんだよね。ごめんね、本当にごめんね。さあ、入って。おやつ食べよ」

門を開け、家に入ろうとしたその時、私の目の前に一輪の白い山百合が差し出されていた。その山百合の花はまるで彼のためらいを映すように、茎や花びらも干からび、しわしわになっている。その花びらを小さな手で一枚一枚広げ差し出す。しおれかけた大きな山百合がとても悲しくて、私はなすすべもなく、ただただ、彼を抱きしめていたのだった。

その時、私の腕の中で、

「かあちゃん、ありがとう。おばちゃん、花、好きだから、喜んでくれると思って」

と、くぐもった可愛らしい彼の声が聞こえた。

頭でっかちで、いつも自分は正しいと信じて生きてきた私は、小学校一年生の子供たちに人を許すことを教えられたのだった。

## あの子のために

それから八年の歳月が過ぎ、息子も反抗期が終わり中学二年生になった頃のこと。新たに私の胸に重くのしかかる風景があった。それは山百合の少年だった。

彼はよく我が家の前を通っていた。学校に行く様子もない彼のその姿は、もはや八年前の面影など寸分も見えないほどの変貌を遂げていた。

金色に近い茶髪に大きいピアスが、我が家の二階のベランダからもよく見えた。だが、一番気になったのが真っ白い顔色ときつい目つき、特攻服、そして独特の歩き方だった。

私は彼を見かけると必ず声をかけた。通り過ぎる時にも必ず声をかけていた。

中学一年の頃は彼も私の呼びかけに応じてくれていた。しかし、この頃になるともはや、返事などはあり得ず、声をかけられるのが迷惑千万とばかりに、チラっと見ては何とも言えない顔でニヤリと笑うその繰り返し、果てはまったく反応ゼロの無視になっていた。

もう、これ以上私にはなすすべもなく、ただ見守るだけの無力感が私を包んでいた。

「あの時傷つけた私のせいだ。もう一度あの時のかわいい笑顔に会いたい！」

自責の念に押しつぶされる胸を抱え、見えない答えを探すように、試行錯誤を繰り返しても、変わっていく彼の姿をただ見続けるしかない私がそこにいた。

それからずっと考え続け、やっと見えた答えが保護司だった。しかし、保護司になるための手段などその時の私にはわからず、言いようのない歯がゆさと無力感を感じていた。

だが、「神様は見ていた」そう思う出来事が起こった。それは私が四四歳になった時のことだった。

## 保護司の委嘱

この年は私には不思議なことがいろいろ起きた。

娘のいじめや息子の反抗期など、子供たちと私の受難の日々が通り過ぎ、ようやく平穏な生活が戻ってきていた。

そして私は四四歳になっていた。子供たちも落ち着き、いつもの日常生活が流れていくと、不思議な空しさが私を襲った。それは、

「このままで終わるのかな？」

そんな思いだった。別にこのままで終わったとしても何のことはない。それも至極当たり前のことのはずだ。

私は結婚し、妻になり、嫁になり、母になった。いつだって一生懸命その一つ一つに向き合ってきた。手抜きなんて考えたことなどなかったように思う。

自分のことより、いつも家族や店のことを考え、優先していた。

折も折、いつものように店に行った私に義母である女将がこんな話を持ちかけた。

「ある方が、ママを保護司にどうか？　って、私に言っていらしたんだけれど、どう？やってみない？　あなたならできると思うんだけど、どうかしら？」

私は内心、「ついに来た！」そう思っていた。

ここ数年この日をずっと待っていた。それはとてもとても気がかりな、あの山百合の少

年がいたからだった。独りよがりにも、彼には私が必要だと思っていた。それには今や保護司しか関わる手立てがないと確信していた。

そしてその手立てが今、私の目の前にやってきた。さらに嬉しかったことは、女将の言葉だった。「あなたならできる」と、そう言ってくれたのだ。

私はとても痩せていて頼りなく、いつも女将は心配してくれていた。「あまり役に立たない嫁だと思われているのではないか」といつも思っていた。それでも頑張ろうとする私を女将は分かってくれていた。

いつも自信がない私だったのに、女将に評価を受けていたことが言いようもなく嬉しかった。

ダブルの嬉しさを抱え、私は即答した。

「はい、私でよかったらやります。いえ、やらせて下さい。私、頑張ります！」

# 応援団

そうは言ったものの、恥ずかしいことに、正直この日まで具体的に保護司の仕事を知らなかった。

ただ、もう一度あの子の笑顔に会いたい。その一心で、保護司という存在に辿り着いたものの、内容をほとんど知らずにいたのである。

よくよく聞いてみると、非行や犯罪を犯してしまった人を自宅に招き入れ、話を聞いたり、そのような事態に陥るに至った原因を除去し、環境を調整するなど、円滑な社会復帰に向け、一緒に考え、助言し、手助けする仕事だという。

この事実を知り、大きな不安が去来した。

それは私の子供たちのことだった。当時子供たちは、小学校六年生と中学校二年生である。非行や犯罪などには無縁の子供たちのいる我が家に、そのような人たちが来て、万が一何かあったら……。と、不覚にも不安を抱かずにはいられない母親としての私であった。

数日思い悩んだものの、熱望と不安の狭間で押しつぶされそうになる。考えあぐね、どうしていいかわからなくなった時の最終の一手を打つことにした。それは、子供たちに相談することである。

私は家族のことを決める時には、子供たちが幼い頃から彼らにきちんと相談することにしていた。たとえ子供たちが幼すぎて内容が理解できないとしてもである。

そこで、悩みぬいた一週間を払拭すべく、夕食のテーブルに着いた子供たちに、保護司という仕事のこと、なぜ保護司を引き受けたいかということと、もしかして子供たちに危害が加わる可能性も否めないことを、母親であり、一人の人間としての考えをきちんと話した。

子供たちはきっと「だめだ」とは言わないことはわかっていた。ただ、「こわい」という言葉が返ってくることを想定していた。もし、「こわい」という言葉がでたら、その時には即断で引き受けないことに心が決まっていた。

一通り話し終わると、間髪を置かず長男が

「僕はいいと思うよ。あの子のこと助けられるのお母さんだけだと思うもん。僕もやってほしいよ。俄然！　賛成、賛成！」

次いで娘が、

「そうだよ、お母さんなら絶対できるよ。私も賛成！　賛成！」

目が点になった。

「でも、悪いことをした人たちがうちに来るのよ。あなたたちに何かあったら大変じゃない」

一番の不安を声に出した。と、

「僕たちなら大丈夫だよ、それにジーザスとジュニア（犬）がいるし、それにうちに来る人は悪い人なんかいないよ」

「そうだ、そうだ！　大丈夫！　大丈夫！」

嬉し過ぎて泣きたくなった。恥ずかしくて情けなくなった。いい子たちで、幸せだと思った。そうなのだ、私はいつも子供たちに教わってばかりいる。

子供たちは疑うことを知らない。その純粋さが忘れていた優しさを呼び起こさせる。

許すことを知らない私にいつも許すことを教えてくれた。迷っている時には背中を押し、困った時には元気を、そうしていつも私に勇気と幸せをくれるのだ。

こうして二〇〇一年一一月。私は保護司の委嘱を受け、念願の保護司になったのだった。

# 少年院向けラジオ

保護司になった翌十二月、私は少年院の参観に行った。その時、殺風景な寮内で出会った少年たちの目の美しさが私の心を動かした。

その目はまるで幼い子供たちが、ただ無心に何かを求めているように透き通って見えた。純真な目を持つ彼らが、非行を犯しただなんて考えられなかった。

さらに壁に張ってあった彼らの書いた詩や作文が私の胸を打つ。そのすべてが家族への許しを請うものだったのだ。

私は彼らのほとんどが家族に恵まれていないことを聞かされていた。誰がその劣悪な環境を望んだだろうか。

しかし彼らはそんな環境を与えた家族に対し、心から謝罪しているのだった。

私はそのけなげさに胸が一杯になった。言いようのない悲しみと怒りが込み上げた。そして、思った。

「この子たちのために何かしなければ。私にできることを、何かしてあげたい」

この日はラジオの収録日になっていた。私はその思いを引きずったままスタジオに向かった。十二月ということで番組はクリスマスミュージックのオンパレード。いつもならこの外楽しいはずの軽快な音楽が、まるで反比例するように私の心に重く響いていた。私は悟られまいと必死で突き上げるつらい思いを飲み込んだ。不自然に明るいロージーがそこにはいた。

何とか一時間の番組が終わり、ラストナンバーのアメージンググレイスが流れると、もう、我慢が限界を超え、ついに私は泣き出してしまった。

突然のことに驚くメンバーに、私はその日の出来事を泣きながら話していた。そしてこう切り出した。

「あの子たちに、ラジオをプレゼントしたいの。音楽にメッセージを添えて、あの子たちにこの想いを伝えたい…」と。

オーナーとミキサーは一も二もなく賛成してくれた。歳の瀬の忙しいことをおくびにも出さず、「やりましょう」と言ってくれたのだ。

私はありがとうの他に言葉が見つけられなかった。

翌日、私はこの企画を打診するためにまた少年院を訪れた。

少年院は普段から大忙しだが、それに加えて暮れのあわただしさにてんてこ舞いのはずだった。そこにこんな企画を持ち込んだところでそう簡単にOKと言ってくれるとは思えなかった。だが、私はどうしても少年たちに番組を届けたかった。

「君たちは一人じゃない。応援している人たちがここにもいるんだよ。だから、頑張って」そんな想いを伝えたかった。お金では買えない心のプレゼントがあることを伝えたかったのだ。

院長先生や教官の先生は辛抱強く私の話を聞いて下さり、丁重にご快諾をいただいた。

こうして二〇〇一年一二月、わがDJスタッフと少年院のご協力のもと、初めての院内放送「カントリーボーイ」が少年院に流れたのだった。

明けた一月、一カ月に一度、一時間の放送を届け続けたい、との私の申し出に、少年院の関係者の皆さんが同意して下さり、その後、一六年にわたり少年たちのためにDJ放送を企画制作し送り続けている。

# 承諾

私は保護司になってすぐから、いろいろなケースを担当することになった。環境調整から始まり、保護観察の対象者も受け持った。年齢は一四歳から七一歳と、幅が広い。

環境調整とは、本人が刑務所や矯正施設に収容されている間、家族その他の引受人と協議を行い、引受人の家庭、交友関係、被害弁償、仮釈放後の生計の見込み等を調整すると共に、問題点の解消を図ることで、更生のための環境を調整し、仮釈放審査における重要な報告をつくり、その後の保護観察の基礎ともするものである。

保護観察とは、犯罪者や非行少年に通常の社会生活を営ませながら、一定の遵守《じゅんしゅ》事項を守るように指導監督するとともに、必要な指導援護を行うことによって、その改善更生を計ろうとするものでもある。

簡単に言うなら、保護観察処分を受けた対象者に寄り添いながら更生に向けて尽力することで、管轄の観察所からの要請を受けた保護司がその対象者を担当することになっている。

当時、新米保護司の私には分からないことだらけで、担当観察官の方には随分お世話になりながら、かなり勉強しなければならなかった。

と、同時にその背景に潜む要因が悲しすぎて、落ち込んでは悩み、考え、学び、そして奮起した。対象者とは共に悩み、共に苦しみ、時には怒り、共に喜び、共に泣き、笑って、そしていつも励ましていた。ただ一生懸命だった。

そうこうして、三年が過ぎた初冬、対象者の少年が面接のために来訪した時のこと、何を思ったかその少年が突然、思い出したようにこんなことを言った。

「あ、先生、先生はMのこと知ってるっすよね」

私は「どきっ」とした。が、秘匿遵守《ひとくじゅんしゅ》からそれを悟られまいと、得意のしらばっくれの術を披露した。だが、内心とてもとても気になっていた。

なぜならMは、私が保護司になろうと決めた、あの山百合の少年、本人だったからだ。

そこで、それとなく少年にMのことを聞いてみると、Mは捕まって鑑別所にいると彼は言った。

「ついに来た！」

起死回生とばかりに、早速、私は観察官にMの担当をしたい旨を伝えた。

観察官は、まだ審判日が決まっていないので、決まり次第知らせてくれると言ってくれた。

待つこと約一カ月、観察官から電話がきた。Mはやはり保護観察に処せられた。だが、観察官の声はいつもの調子とは少し違っていた。

不思議に思い、話を聞いていると、Mは私が担当することを嫌がっているということだった。逮捕されて間もなくからの私の申し出を何とか叶えようと、観察官は尽力してくれていた。

だが、対象者がＮＯと言えば、対象者の意見が優先される。それは当然のことだ。

気の合わない嫌な保護司とは一緒に更生に向けてのマニュアルなどこなせる訳がない。対象者は保護司を選ぶことができる。

もちろん保護司も対象者を選ぶことができるのだ。

そして、Mは「ＮＯ」と言った。しかし、私の気持ちを無視して、他の保護司に担当してもらうこともできず、困り果てた観察官は、事情を説明するために私に電話をくれたのだった。

予想しなかった訳ではなかったが、Mが「NO」と言ったことを聞いた私は、少なからずショックを受けていた。だが、ここで引き下がるわけには行かなかった。

困り声の観察官はこう言っていた。

「先生、今、Mと面接中なんですが……。実は、Mが先生ではない保護司さんを希望しておりまして……。」

「えっ？　どなたか知り合いの保護司の先生でもいらっしゃるんですか？」

「いいえ、そうではないんですが……」

「なら、なぜですか？　私はあの子をずっと前から知っていて、あの子の変化が気になって、あの子に昔の自分を取り戻して欲しくて、その力になりたくて、あの子の力になりたくて、それで保護司になろうって決めたんですよ」

「はあ、それはよく分かっています」

「それなら、なぜ？　Mはなぜ、私では嫌だと言っているんですか？」

「あのですね、あまりに先生のことを知っているということと、同級生の息子さんがおられるということで……」

分からなくはなかった。だが、どうしても諦めきれない私は、なおも食い下がる。

「おっしゃることはよく分かりました。それなら一度、家に寄こして下さい。私が会って話してみます。それでもだめだったら諦めますから。勝手なお願いは重々承知の上ですが、そうさせて下さい。お願いします」

「はあ……」

「だって、私、あの子の幸せな顔が見たいんです。昔、いっぱい一緒に笑ったんです。あの子、すごくいい笑顔してたんです。放っておくなんてできない。私、自信あるんです、あの子を立ち直らせることができるって。だってあの子、あの頃私のこと、『かあちゃん』って言ってたんですよ、私、あの子のお母さんだったんです。私の息子だってそんなことちっとも気にしてませんよ。『友達は友達だ』って言ってます。偏見なんて少しも持たない子です。息子も『会いたい』って言ってました。でもMが会いたくないのなら会わせないようにします。だから、無理は承知でお願いします、あの子を家に寄こして下さい」

「そうですか……、分かりました。もう一度話してみます」

「お願いします」

私は対象者にいつも言っている。「相手のことを考えなさい」とそれなのに、今の自分が信じられないと思った。でも私はどうしてもMの保護司になりたかった。

どんどん変わって行くMをただ見ていることしかできなかった悔しさが、「もう一度あの子と一緒に歩きたい」、「笑い合えたあの日を取り戻したい」と思う気持ちを増幅させ、そう願う気持ちに歯止めが効かなくなっていた。

## 再開（やっと会えた……）

おおいかぶせるような懇願にも似た私の勢いに、観察官はどう思っていたのだろう。私とMとの狭間に立たされ、さぞ困り果てているに違いない。申し訳なさと、Mへの募る思いが胸の中でざわざわと音を立てた。

「願い続ければきっと叶う」

子供の頃からずっとそう信じてきた。だが、分不相応の願いなど叶うはずがないことは、幾度も体験済みの私だ。

「でも、この願いは叶って欲しい」

祈るような気持ちで観察所からの電話を待った。何も手に付かず、無意味な行動を繰り返し、何度も電話の前を通っては鳴らないベルの音に耳をそばだてた。

ちょうど三〇分後、電話のベルが鳴った。心臓が早鐘を打つ。受話器を取るとすぐに私は、

「やっぱりだめでしたか?」

なぜかそう言った。駄目だった、とは言われたくなかった。その答えは聞きたくなかったからだった。

観察官は、

「先生のお気持ちをちゃんと伝えました。本人は分かった、と言ってくれました。これから先生のお宅に行くそうです。良かったです。よろしく御願いします」

そう言ってくれた。観察官は私の気持ちを理解してくれていた。彼を困らせたこんな保護司なのに、その面倒さもいとわず、何とかこの望みを叶えようと努力を繰り返し、Mを説得してくれたに違いない。

電話の向こうから聞こえてくる観察官の一言一言の抑揚が、とてもとても優しくて、ありがたさに胸が熱くなった。

「わがまま言ってごめんなさい。本当にありがとうございます」

そう言うのがやっとだった。

その日の午後遅く、待ちに待ったMが来訪した。

久しぶりに近くで見たMは、背が高くがっしりとした、たくましい少年になっていた。

その少年は恥ずかしそうにうつむき、伏し目がちに挨拶をした。私はそんな彼に向かい、
開口一番こう言った。

「ずーっと、ずーっと待ってたんだよ。やっと、会えた」

そう言って、こみあげる涙を飲み込んだ。

## この子のために

向かい側に座る一六歳のMは、うつむいたままだった。

私は一〇年前を思い出していた。あの頃、彼は今と同じようにこの席に座り、ただ黙って私の姿を追っていた。その情景と、今の情景がダブる。

違うのは彼が成長し、その分だけ私が年を重ねたということだけだ。なぜか、懐かしいような、当たり前のような不思議な感覚だった。顔を上げようとしない彼に私は言った。

「よく来たね、私ね、きっと来ると思ってたんだよ。随分大きくて立派になった。下を向いていないで、顔、見せて」

照れくさそうに顔を上げたMは、昔の面影を残していた。しかし、またすぐにうつむく。

私はそんなMに、

「観察所で、私じゃいやだって言ったんだって？」

そう聞いていた。Mは一言、

「はい」

と、答えた。

「なぜ？」

「いや、よく知ってるからっていうか、それに、同級生もいるし、だから……ちょっと……」

相変わらず、言葉数の少ないMの声はすっかり大人になっていた。

「何だよ、そんなこと気にしてたの？　そんなことなんかぜんぜん関係ないじゃん。それよりも、だからこそ私じゃない？」

　驚いたように私を見るMに、

「あのね、私ね、Mのために保護司になったんだよ。変わっていくMのこと見てさ、すごく悲しかったんだ。気になって気になってどうしようもなかった。それで、きっと来るって思って保護司になった。ずっとずっと待ってた。なぜだと思う？」

　ますます驚いたようなMは首を傾げ、私を凝視している。そんなMに、

「あのさ、M、最近、いつ笑った？」

「いやぁ、わかんないっすねえ……。いつかなぁ……。最近、笑ってない……かな？」

「でしょ？　あのね、私、決めてたんだ。Mのこと幸せにするって。こうして一緒にいた小学生のあの頃みたいに、Mと一緒に笑うんだって。だって、あの頃のMはよく笑ってた。今みたいに、ここにこう座って、嬉しそうににこにこ笑ってたでしょ？　覚えてる？」

「あー、はい。あの頃はここに来るのが楽しみで……。はい、覚えてます」

「そう！　だから私はMと、もう一度笑うって決めたの。私はMにあの頃のMに戻って欲しい。絶対幸せに笑うMになって欲しい。その一念で私は保護司になった。だからMの保護司になります。Mがいやだって言っても、私がそうします。M、また一緒に笑おう。一

緒に幸せになろう。ね、いいでしょ？」

見つめるMの目に涙が浮かぶ。それを隠そうと顔が真っ赤になった。

「覚えてる？　Mさ、私のことかあちゃんって言ってたんだよ。私ね、今でもMのお母さんだって思ってんの。これって駄目？」

こらえきれない涙がMの頬をつたう。Mは幼かったあの頃みたいな、はにかんだ泣き笑いの顔でこう言った。

「だめじゃないっす、すごく嬉しいです。ありがとうございます。よろしくお願いします」

私は嬉しくて泣きそうになる自分をカモフラージュするかのように、

「よーっし！　それじゃ、Mと私の幸せのために一緒に頑張りましょう！　私は厳しいですよー」

いつでも真剣に相手を想い、伝えれば、想いは心に届くものです。

# 笑顔

一六歳というと仕事につくことはかなり厳しい。それに中学卒業となるとその範囲はますます限られた。自ずとMが希望した仕事は望めず、限られた中での就労となった。にも関わらず、約束通りMは、よく頑張った。

時々、人間関係に悩むことがあり、「仕事を辞めたい」と漏らすこともあったが、そんな時はすかさず、かつ、さり気なくフォローするのが私の役目だ。その甲斐あって、Mはどんどん仕事を覚え、彼の持つ本領を発揮した。

気を良くした私は、

「Mは昔から頭いいんだ」

などと、自慢したりした。

Mは何でも話してくれた。どんな小さなことも、である。その度に一緒に考え、一緒に乗り越えた。天然でプラス思考の私に感化されたのか、次第にMの顔は変わっていった。

保護司になって、一番驚くことは、対象者の顔の変化だ。その顔の変化で現在の状況が見えてくることも多い。それだけ顔の表情には心が作用することを実感する。

Mは、面接の度にいい顔になっていった。何とも形容し難いその表情には、非行に走った時のあの表情は寸分も見えない。

ある時、私は彼の仕事場を訪れた。あの日のことは忘れられない。仕事場で私を見た時のMは、満面の笑みを浮かべていた。その笑顔が嬉しくて嬉しくて私は胸が一杯になった。と、同時に、「もう、大丈夫だ」と確信していた。

その笑顔は、今まで私が見た中で一番、最高の笑顔だった。これほど笑顔が嬉しいものだとはこの時まで意識したことはなかった。

その笑顔と共にMは順調に更生の道をまっすぐに走り、めでたく早期解除となった。解除伝達の面接の折、私は思っていた。

「この笑顔に会いたかった。この笑顔があるから私は保護司を続けていける」

私の言う保護司の醍醐味は、この笑顔に象徴されるものなのです。

# 少年非行

少年事件では非行の男女比率が一〇年前は三〇対一、近年では五〇対一の割合くらいである。しかし、女子の非行は男子に比べかなり深刻なものが多く、保護観察はなかなか難しく、少しでも気に入らなければ、ほぼ再非行間違いなしといわれるほど困難を極める。

そんな中、私は女子を担当するケースが多く、非行に走る環境や心の動向を目のあたりにし、現在も一緒に状況改善に向け奔走している。

その経験から、親の愛情に飢え、「私ね、はだかで抱っこしてもらえると、こころきゅーん、ってなるの。おじさんたちみんな優しくて、『かわいいね』と『愛してるよ、』とか言ってくれるから嬉しいんだ」と屈託のない作り笑いでそんなことを口走る援助交際に走る少女。その悲しすぎる心の動きに直面し、言いようもなく心が痛んだ。

その上、妊娠、中絶という、命の存続に関わる問題に悩み、その結論さえ出せない自身に、不甲斐なさを覚えずにはいられない。

しかし、向き合う少年少女たちは、無意識のうちにこんな私にでも、自分たちに差し伸べられる手を待っているのだ。

そんな時、私は少しもためらう暇なく、保護司とし、そして、もう一人の母親として信頼関係を構築するため、真っ直ぐに少年少女の心と向き合うことを第一に考える。

そして本人のみならず家族全員の笑顔に会える日を目指して奔走し続けている。

## 初回面接少女A

一四歳を迎えたばかりの少女Aが我が家にやってきたのは五月晴れの眩しい午後だった。まだあどけなさが残る丸い顔に、ちょっぴりおでこのにきびが愛らしく、それに不似合い過ぎるくっきりと厚めについたマスカラ、金色に近いセミロングのパンクヘアー、大きな白いリングのピアスと黒いネイルカラー。そしてラメの散らばった大きく胸の開いた白いTシャツに黒いエナメルのジャケット、同素材のバッグにブーツがまるでアメリカナイズ・パンクガールのよう。

しかし、そんな彼女のおとなしめの仕草と、その目に宿る翳《かげ》りが不思議な感じだった。

Ａは出迎えた私に、はにかみながら小さな声で「こんにちは」と言った。

この日は初回面接で、今後の生活指針を話し合うため、引受人も一緒に来訪するとの報告を受けていたのだが、そこにいたのは本人だけだった。引受人は？ と聞いてみると、「父親は長距離トラックの運転手で、今朝帰って来たばかりなので家で寝ている」と言う。仕方なしに、簡単な面接をすることにした。

私は保護司手帳を見せ、自己紹介をした。そしてこれからは、月に二回来てもらうこと、そして一回は訪問することを話し、了解を得た。次にＡの書いた特別遵守事項を確認（これは本人に言わせる）。これからの展望を話し合った。

Ａの特別遵守事項
1、シンナー吸引をしない。
2、タバコを吸わない。
3、悪い友達と遊ばない。
4、無断外泊をしない。
5、真面目に学校に通う。

6、毎月担当保護司をたずねる。

Aは全てきちんと言えた。

私は「えらい！」と一言。Aは嬉しそうに子供っぽい笑みを見せた。

「で？　この遵守事項を守ってるのかな？」

「あー、はい……。まー、はい……」

「えー？　何それ、ひょっとして守ってないってこと？」

「すこし……」

「すこしって？　どれを守ってどれを守ってないの？」

「学校に行ってないの」

「どうして？」

「…………」

「ひょっとしていじめ……かな？」

「うん……。辛いの」

「あのさ、その髪やらツメやら、マスカラのせいじゃないのかなー？　Aさ、それって中学校の制服に合うと思う?」

「全然似合わない」

「でしょ?」

「あ、でもね、私、学校に行く時には普通にしてるもん」

「そう、それは大変だねー。ふーん、それなのにいじめに合うの?」

「うん、みんな無視すんの」

「えー、何でー?」

「わかんない、中一からずっとだもん。でもいいの、あんなガキなんか関係ないもん」

「そっかー、Aは大人だね。実は私もさー、いじめにはかなり参ったんだよね」

「えー、先生もいじめられてたの?」

「ううん、娘! 小学校四年からの三年間、ずーっとだったの。あれは大変だったー。こっちが死ぬかと思った。いじめってね、もちろん本人が一番大変なんだけど、それ見てる家族はもっと大変なんだよ。だってどうにもしてあげられないんだもん、代わってあげたくても代われない。文句なんか言ったら、もっとひどい目にあうでしょ? 可哀想で見てられなかった。だから、あの時は泣いてる娘抱っこして、ただ一緒に泣いてたなー。Aもそんな辛い目に合ってるの？　だったら、私、悲しいなー。いったいどこのどいつだ！　私がその子にちゃんと言って始末つけてやる……」

「いいなー……」

「へ？」

「先生の娘さん……。羨ましい……」

「なんで？　お母さんやお父さんいるでしょ？」

「今、お母さんいないの……。」

「え？　だって、書類に実父母と同居って……」

「家《うち》の両親、いつも喧嘩ばっかりしてるんだ。私が小さい頃からずっと。時々お母さんが出て行って、そしたらその間に違う女の人が家に来て、その繰り返しだった。この前ね、また、すごい喧嘩して、お母さん出て行っちゃったの。だから、私のことなんて関係ないんだよ」

「それで？　でもお母さんいつも帰ってくるんでしょ？　お母さんはいつごろ帰って来るの？」

「わかんない……」

「そう、寂しいね。で、Aは大丈夫なの？」

「慣れてるもん」

Aはさもない素振りをしてさらりとその言葉を言った。だがその言葉はAの悲しい心が頑張って発したものだ。

幼い頃から目の前で繰り広げられる夫婦喧嘩、自分を置き去りにする母親の家出、その間にやってくる父親の愛人。

その惨状にそう言うしか、降りかかる悲しみを越える術を見つけることができなかったこの少女の一言が私の心を刺し、悲しくなる。と同時に腹が立って腹が立って仕方がない。次の言葉がでてこない。Aは半笑いで私の顔をじっと見ている。私は次の言葉を考えていた。「なんて親なの！」「ふざけんな！」こんな言葉が頭の中をぐるぐる回る。

だが、そんな言葉を言えるわけがない。喉まで出かかった言葉を、こみあげてくる胸の固まりと一緒に飲み込む。

私：「そうだ、今日ね、Aが来てくれるからって、ケーキ作ってたんだよー。私特製、Aと仲良くなりたいスペシャルケーキ！　一緒に食べればたちまち仲良し間違いなし！その上、元気が出ることうけ合いケーキだよ！　食べる？」

「うん！　食べる！　食べる！」

急に子供みたいにはしゃぐAを見て、心が踊った。ケーキはシフォンケーキに生クリームと苺でデコレートしたふんわりケーキのホールだった。

「えー、これって先生が作ったの？」

「モチ！　得意なんだー。今日のはAのために腕によりをかけて作らせていただきました！　愛情たっぷりのケーキだよ。さあ、食べよう！　まずは二人の出会いを記念して、ケーキカットといきましょう！　はい、ナイフのこっち持ってー。」

Aは嬉しいと恥かしいが同居している顔でナイフの片方を持ち、私はその手に自分の手を重ねてケーキを切り、皿に取り分けた。Aは小さな声で
「いただきます」

と言い、嬉しそうにそのケーキを一口頬張る。その様子を私は嬉しく見守った。その時突然、Aの目から涙がぽろぽろぽろぽろこぼれた。

私：「え？　どうしたの？　美味しくない？」

あわてて私もケーキを食べた。ケーキはいつにも増してほんのり甘く柔らかく、とても美味しく感じられた。

「こんなに美味しいケーキ、初めて食べた……。こんなことしてもらえるなんて……。私なんかに……。せ・ん・せ、ありがと……」

少女の手にしたケーキにいくつもの涙がこぼれた。

「あの子は感情表現がなくて、笑うことも泣くこともしないいんですよ。いっつも仏頂面して、まったく何考えてんだかさっぱり分かんなくて、ほんとうに可愛くないんです」

審判前、電話口の母親が言った言葉が胸に込み上げ、私も堪えていた涙が溢れた。私は思わずAの頭をなでていた。Aが泣きやむまで何度も何度もなでていた。

泣きやんだAに私は、今度一緒にケーキを作ろうと提案した。Aはとても喜んでいた。涙でぐちゃぐちゃになったケーキは愛犬に食べてもらい、新しく切り分けたケーキを二人で食べた。残りはAに持たせた。


保護観察に付された対象者は年齢を問わず、必ず「生活のしおり」という一枚のしおりを観察所から渡される。

それは対象者の保護観察の期間が記されてあり、面接の日時、場所、そして備考を記すものだ。対象者は常にそれを持参し、面接証明のために担当者からの印鑑をもらうことになっている。面接の終わりに必ずそのしおりに印鑑を押すことになっているのだ。

「じゃ、今日はこれでおしまいね。今度はAの家に往訪させてもらいます。そうね、来週あたりがいいかな？　お父さんとお母さんに都合聞いて連絡してください。いい？」

Aは少し考えるようにして、

「ああ……、はい……」

と言った。

帰りの玄関口で私はAにあることを聞いた。それは初回面接で必ず私が尋ねることである。この時が一番緊張感が和らぎ、本音が聞ける時なのだ。

「あのさ、一つ聞き忘れたんだけど、Aが世界で一番好きな人って誰？」

Aはすかさず、こう答えた。

「お母さん」

そして私は決まってこう答える。

「うん、いい子だ」

私はどんな対象者にも必ずこの質問をする。すると、どんな対象者もどんな家庭状況にあろうとも同じ答えが帰ってくるのだ。その答えが「お母さん」なのである。

男性陣には申し訳ないがこれが現実であり、いつの世も子供にとっての母親は、どんな時も愛し愛されたい存在のナンバーワンにランキングされる。

Aは可愛らしい笑顔とその言葉を残し、帰っていった。

私は屈託なく見えるあの笑顔の後ろ側にある哀しみや苦しみを思った。そして、一日も早く母親が帰ってくることを願わずにはいられなかった。

## 二回目の面接

二回目の面接は私の方から訪ねた。Aがどんな状況でどんな生活をしているかを確認するためだ。もう、五月も末の夕焼けの美しい時刻だった。

Aの部屋は県営住宅の三階だ。ゴミが散乱し、煙草の吸殻がいたるところに落ちている掃除のされていない階段を上り、Aの部屋のチャイムを押す。

しかし、チャイムは壊れているらしく音もしなければ誰も出てこない。仕方なしにドアをノックした。中からはテレビの音が漏れ聞こえているが誰も出てこない。またもや仕方なしにAの携帯に電話した。すると、「ガチャン」と、ドアが開く。ジャージ姿のAが、小さな声で「こんにちは」と言う。

狭い玄関にはAのものと思われるブーツや靴、ピンクと黒のハローキティーちゃんの健康サンダル、父親のものと思われる汚れたスニーカーと学校で履く上靴のようなかかとが踏まれて再生不能の紺色の薄い綿で出来た靴、そこには不似合いの赤いパンプスがあちらこちらの方向を向いて乱雑に転がっていた。私はその隙間に靴を脱ぎ揃え、部屋に入って行った。

玄関からろうかを挟んで二つの部屋のドアがあり、その奥にリビングとキッチンがあった。私はAに案内されて、リビングに行った。六畳ほどのリビングはまるで男所帯のように乱雑な状態で、カップラーメンのカラの容器が落ちていたり、折り曲げられた缶ビールの空き缶が部屋の隅を占領している。

その中央にあるコタツに父親は座り、タバコをくわえていた。私はいつもの初回面接の挨拶をし、父親に向き合う形でコタツに座った。

父親は無口な人だったが、私の質問に簡潔に答えていた。こんな具合である。

私:「初めまして、この度Aちゃんの保護観察を担当します保護司の大沼です。よろしくお願いします」

「はい」

「この度のAちゃんのことについて、お父さんはどのようにお考えですか？」

「どうって……。とにかくちゃんとしてもらえれば、それでいいです」

「ちゃんとって……。あのー、具体的には？」

「悪いことをしない。学校に行く」

「そうですよね。でも、お父さん、Aちゃんは学校でいじめにあっていたんですよ、今もです。だから、ちょっと辛いかなー、と思うんですが、ご存知でしたか？」

「知りません。中学生は中学校に行くことに決まってます。さぼるからそういうことになるんですね」

その時、女性がお茶と菓子を持ってきてくれた。部屋の乱雑さからみると女性がいるとはとても思えなく、驚いた。が、この風景も保護観察対象者の住まいではそう珍しくない。気を取り直し、

「あ、初めまして。保護司の大沼です。お母さんもどうぞご一緒にお話に加わって下さい」

「あ……、はい」

女性は私の右側に座った。左側にはAが座っている。これで家族が揃ったわけだ。が、どうも空気がおかしい。家族の誰一人として目を合わせないのだ。不思議一杯の居心地の悪さを抱えたまま、私は父親と話を続けた。

父親はAのことを何もわかっていない。今中学二年生だということも知らない始末である。全くといっていいほど会話がなく、もちろん食事も家族で食べたことは今まで一度もないそうだ。

何より、この家には挨拶が存在しない。そのことを聞き出すのにかなりの時間を要した。本当に空気が重苦しく、今後はできるだけ話をするように心がけることと、一週間に一度だけでも家族で食事をすること、そして、とにかく挨拶をすることを約束するのが精一杯だった。

同席の女性は何を聞いても全く口を開かない。しかし、私の往訪に留守をしないだけでも可能性あり！　と、自分に言い聞かせていた。

一通り話をし、次にAの部屋に行き二人で話すことにした。Aの部屋はタバコの匂いと香水の匂いが入り混じり、気分が悪くなりそうだったが、リビングの酒と煙草の臭いよりは少し我慢できた。

五月だというのに、どの部屋も窓は締め切っている。勉強机はなく、少し小さめのコタツの上に化粧品が並び、万年床の枕元にオーディオがあり、その横に小さなテレビがおいてある。布団の上にあるピンク色のハートのクッションが印象的で、女の子の部屋を意識させた。

コタツに座り、向き合うとAは

「ふーっ」

と大きなため息をついた。

私：「どうしたの？　そんなに大きなため息なんかついて。よかったじゃないの、週に一回でも一緒にご飯食べれて、そんなにたくさんじゃなくてもお話ししてくれるって言ってたし、それに、あんまり表にださないけど、お父さんあれでけっこうAのこと気にかけてくれてるみたいじゃない、だからAもちゃんと自分から挨拶すんのよ、朝起きたら『おはよう』、学校から帰ったら『ただいま』、お父さんが帰ってきたら、『お帰りなさい』、寝る前は『おやすみなさい』って。いい？」

「先生……、あの人、お母さんじゃないよ」

「は？」

「前に言ったじゃん、お母さんが出て行くといつも来る人」

「あ、……、そ……。え？　じゃ、私はお母さんじゃない人にお母さんって言ってたの？　あ、じゃあ、悪かった……わねー。ごめんなさい」

Aはコタツ布団を肩まで持ってきて、また大きくため息をつき、

「いいよ、慣れてるもん」

そう言った。

どうしていいか分からなくなった私は、Aに最近の生活状況を簡単に聞き、問題なしと判断、煙草禁止令を出し、了解の返事の後、次の来訪予定日を決めて、早々に退散したのだった。

だが、その時すでにAは、学校には行かれない精神状態になっていた。

## 三回目の面接

六月、降り続く雨に紫陽花の紫が際立つ午後、そぼ降る雨の中、傘もささずにAは来訪

した。この日のAはパンクファッションとはかけ離れたアルマーニのジャージにキティーちゃんの健康サンダルを履いていた。

ドアチャイムも鳴らさず、しかし約束の時間に玄関に飛び込んできた彼女は、息を切らしまるで濡れ鼠の状態で、何事が起きたかと一瞬ドキッとした。

「A、こんなに濡れてどうしたの?」

「あー、間に合ったー」

「何よ、サンダルで、足までびしょびしょじゃないの」

「あ、エプロン忘れた、戻らなきゃ」

「何言ってるの、風邪ひくでしょ。傘は?」

「え? あ、ほんとだ。えっとー、傘はないの。どっかに行っちゃった」

慌ててバスタオルを手に、Aの頭を拭いていた。Aは頭を拭かれながら、

「夕べ、眠れなくて、あの人たちうるさくて、眠れなくて、そしたら朝寝坊しちゃった。気がついたら約束の時間になってて、遅れたら大変だって思って、焦って走って来た。あ、エプロン取ってこなきゃ、昨日用意してたんだもん」

また雨の中を家に戻ろうとするAの手を引き、

「エプロンはいいから、落ち着いて！」

「え？　いいの？」

「うん、いいよ」

「だって先生、エプロン持ってきてねって言ったじゃん。私、すごく楽しみにしてたんだー、先生とお菓子作んの。だって生まれて初めてだよ、それなのに寝ちゃって、あのまま起きてれば良かったのに寝ちゃって……。エプロン用意してたのに忘れて……」

「そう、そんなに楽しみにしてくれてたんだ。ありがとう、Aがそんなに楽しみにしてくれてたかと思うとなんか、むっちゃ嬉しいなー。エプロンは用意してあるから大丈夫！」

実はエプロンを持ってくるように言った記憶が飛んでいた。あの訪問した日は、「あの人、お母さんじゃないの」の言葉にショックを受け、Aの「慣れてるもん」に、胸がいっぱいになり、自分がエプロンの話をしたことなど覚えてはいられなかった。そんな私は、まだ未使用のエプロンをAにプレゼントしようと、密かに準備していたのだった。

「ほら！　ジャーン！　どう？　きゃわいーでしょ？　Aにピッタシ！　と、思わない？」

と、ピンクに子犬柄のエプロンを広げて見せた。と、

「えー、えー、えー！　ほんと可愛いー」

Aのまるでエプロンにプリントしてある子犬のようなはしゃぎように、すっかり気を良くした私は、

「オホホホ、センスよさげじゃない？　ほい、プレゼント！」

「えー、えー、えー、これ私にくれるの？」

「モチ！　そのつもりで用意してたの。気に入った？」

「………………」

無言でエプロンを見ている。

「あれ……？　気に……いらなかった……の、か、な？」

「ううん、すごく……気に入った……」

「そうでしょう！　そうよねー！　お店に行って、これ見つけたとき、きっと気に入るって、そう思って買ってきちゃったんだよねー。きっと似合うさー、ほら、つけてみて」

「何で？」

「え？　何が？」

「何でそんなことすんの？」

「そんなこと……って」

「私なんかに何でそんなことすんの？」

半べそ状態のAはじっと私を見ている。

「好きだから」

「うそ……」

「ほんと！」

「うそ！」

「ほんとだってば、何を心配してんの？　私はAが大好きです！　可愛くて可愛くて仕方ない」

「ほんと？」

「ほんとだよ」

「私なんかでいいの？」

「いいの！　Aがいいの！」

「ほんとだったら嬉しい……。私、誰もいないんだもん」

「誰もいなくないでしょ？　お父さんもお母さんもいるじゃないの」

「お父さんはあの女。お母さんは私のことなんかどうでもいいの」

往訪の時の様子を考えれば、Aがそう思うのも無理はないと思った。

また、Aの目からぽろぽろと涙がこぼれている。普通は涙が頬をつたうのだが、Aの場合は不思議に大粒の涙がぽろぽろとこぼれるのだ。そのぽろぽろが無性に可愛くて、

「私がいます！　Aには私がいます！　だから泣かないの！　ね？」

「うん……。ありがと……。すごくうれしい……」

「ほら、エプロンつけてみて、きっと似合いすぎちゃったりするから！」

「うん、ありがと」

濡れたジャケットを脱ぎ、黒地に金色の文字があるTシャツにピンク色のエプロンをつけた素顔のAは、とても可愛く、まるで自分の娘のように愛らしく思えた。それ以上に、お菓子作りの約束を、これほど楽しみにしていたと思うと、こちらの方が嬉しくなった。

私は、お菓子作りが初めてのAのために、一番簡単にできて、かつ美味しい、まるまるドーナッツを作る用意をしていた。

これは、少し柔らかめのドーナッツの生地をドーナッツ型にせず、スプーンですくって油で揚げ、グラニュー糖をまぶして作るのだが、所要時間一五分、時間のない時にでも手

軽にできるので、美味しいスイーツとして我が家ではかなり定評がある。

この「まるまるドーナッツ」は、その形状から名付けられたもので、その名づけ親は我が息子と娘である。

雨をもろともせず我が家に突進してきたAの期待に応えるべく、私たちは早速まるまるドーナッツ作りを始めた。

ボールに卵、牛乳、ホットケーキミックスを入れ、撹拌器で混ぜればOK、その間にフライパンにたっぷりの油を入れコンロにかけて熱しておく。

混ぜ合わせた生地をスプーンですくい、熱した油に入れて行く。

こんがり狐色になったらそれを取り出し、皿に乗せて、熱いうちにグラニュー糖をたくさんふりかけてでき上がりである。

私たちはこの作業をキャーキャー笑いながら、時には「フーン」と感心され、得意になったりしながら、お菓子作りを思う存分楽しんでいた。

ドーナッツはどんどんできていく。私たちはその熱々のつまみ食いに興じ、「美味しい、美味しい」と顔を見合わせては満足していた。油で揚げる作業はたまに油が飛ぶ恐れがあるので、私がしていたのだが、Aが、「私にもさせて」と言うので、注意するように話し、

お皿に乗せるペーパーを取りにちょっと目を離した時、

「あつっ」

Aが小さな声で言った。

「え、大丈夫？　だから気をつけてって……」

そう言ってAの腕を見た私は言葉を失った。


それまでは少しも気がつかなかったが、Aの白く細い腕には無数の根性焼きの跡があり、皮製の太い腕時計ベルトの隙間から幾すじもの傷の跡が見えた。

そう言えば、Aはいつも手が半分位隠れる袖の長すぎるTシャツを着、そのTシャツの上から、太いベルトの時計をしていた。

驚いた私は無言でAの顔を見ていた。その様子にAはちょこんと首をすくめ、何とも言えない顔で笑った。

「A……」

「あ、バレた」

「あ……これ……」

「これ……。お母さんたちが喧嘩したり、お母さんが出て行くと、私、どうしていいか分からなくなって……。何かしないではいられなくなって……。だって、胸が痛いんだもん。だって、どうしようもないじゃん、胸が痛いんだもん」

私をにらむように大きく見開いたAの目からまた涙がぽろぽろこぼれる。その目と痛々しい腕の傷跡を交互に見た私は、心の中で「そうだよね、そうだよね」の言葉を繰り返し、Aの身体を引き寄せ、ただうなずきながらAの頭をなでていた。

この子の心の痛みに比べたなら、こんな傷など大したことはないのかもしれないが、Aがこれほど苦しんでいることを両親は知っているのだろうか？　と、本当に腹が立って仕方がなかった。

食卓に大きなお皿に山盛りになったドーナッツを乗せ、私たちはアップルティーを飲みながらドーナッツを食べた。私は何事もなかったかのように至って普通に、いつもの元気印を取り戻そうと振る舞っていた。何をどう言ったならAの心が休まるのだろう、との自問自答を見破られないための苦肉の元気作戦だった。

「あー、美味しかったー。お腹いーっぱい。こんな美味しいドーナッツ生まれて初めてだよ。感激ー。それも自分で作るなんてすごいって！　先生ありがとう」

Aはそんな私を気遣いながら満足そうにそう言った。元気作戦はすでにバレバレだったらしいが、こうなったら路線を変えるわけにも行かず、

「そう、よかった。そう言ってもらえると私も教えた甲斐があったってもんです。あ、残りは持って帰ってお家で食べなさい」

そう言って、立ち上がろうとした私に、

「先生、これ……、見て……」

AはTシャツを肩のところまでまくった。さっきは腕の半分も見えない状態だったが、腕全体ともなるとかなりのものだ。腕中に無数のやけどの跡、手首にはたくさんの傷跡が散乱していた。

「A、辛かったんだね」

「うん……」

「そう……か……、辛かったんだね」

「何度も……死にたいと……」

「分かる」という言葉を飲み込んだ。

「生きててくれて、ありがとう」

「え？」

「生きててくれてありがとう。こうして生きて私のところに来てくれてありがとうね。私ね、Ａに会えてほんと、嬉しいの。今ね、子供たち家にいないじゃない、今日、Ａと一緒にドーナッツ作ってた時ね、あぁー、楽しいなーって、ほんと、久しぶりにそう思ったの。だから、私、Ａにお礼言わなきゃ、生きててくれてありがとうって」

Ａは、驚いていた。そして、またあの目で私を見た。大きなＡの目から涙が溢れそうになる。Ａの涙がこぼれたら、堪えていた涙が……。もう今日は泣きたくなかった、いつも暗い顔ばかり見せるＡだから、一緒に笑っていたいとそう思っていた。

「だから、もう、そんなことしないで。そんなことしても心の痛みは消えないでしょ？心が痛くなったら、これからは私に話して。寂しくなったらいつでもここに来て私に話して。ううん、電話でもいい。遠慮なんかしたら怒るよ！　分かった？　Ａには私が付いてるんだもん。だから、約束して、もうそんなことしないって、約束！　ね！」

「うん……」

Ａの差し出した傷だらけの腕の先にある小指に私の小指を絡めた。

そう頷いたと同時にＡの大きな目から涙がこぼれた。

# 母親

その後、Aはかなり落着いていた。時折休むこともあるが学校にも通うようになっていた。非行とは無縁になっていた。ただ変わらないことと言えば母親が家を出たままだった。季節は秋を迎えていた。すでに監察から四カ月が経とうとしていたそんなある日、Aから電話があった。学校で、父兄同伴の行事があるということだった。

Aは「どうしても母親に来て欲しいので、一緒に母親を迎えに行ってほしい」と言うのだ。

Aは母親の居場所を知っていた。知っていても訪ねることはしなかった。いや、できなかったのかもしれない。だから、私に一緒に行ってほしいと言ってきたのだった。母親の状況を知らない私は迷った。しかし、Aの気持ちを考えると同行せずにはいられなかった。

私たちは車で三〇分の道のりを、母親の住むアパートに向かった。

車中、なぜか二人とも緊張していた。母親とは保護観察が始まる前に電話で話したのが最後で、私は彼女には会っていない。

ましてや、母親の状況は、Ａから聞いたアパートに住んでいるということと、パートで働いているらしいことだけである。

「いいのだろうか？」「大丈夫だろうか？」そんな想いが胸に去来していた。緊張の空気が車中に漂っていた。その均衡を破ったのはＡの一言だった。

「ねえ、先生。先生さ、何でシンナーのこととか聞かないの？　普通、そういうのって聞くんじゃないの？」

私はおかしくなった。対象者としては多分素朴な疑問なのだろうが、だいたい、もし非行していたなら、そんなことを口にするはずがない。それはＡの様子を見ればわかることなのに、不思議に思うＡが可愛かった。

「えー、どうして？　聞いてほしいの？」

「ううん、そういう訳じゃないけど。普通、聞くんじゃないかな？　って……」

「あら、だって、分かるもの。Ａはもうそんなことしないって。そう約束したでしょ？Ａは約束破ったりしないって私には分かるの。だって、信じていますから」

「ふふふ」

「え？　変？」

「ううん」

「だってさ、簡単に言うけど、シンナーって怖いよー。シンナー吸うと、一回で何万っていう脳の細胞が壊れるんだって！　それに身体にも悪いし、神経までおかしくなるでしょ？　つまり馬鹿になるってことだし、それに将来Aは素敵な王子様と結婚して可愛い赤ちゃん生まなくっちゃならない訳で、そんなことは百も承知の私のAちゃんは、そんな馬鹿なことをするはずがありません！　でしょ？」

「うん……、ありがと……」

そんな話で盛り上がった。が、目的地についた私たちはまたまた緊張が戻ってきてしまった。私は「このまま帰りたい」とまで思うようになっていた。

しかし、その反面「何があろうとこの目で確かめなければ」という義務感に似た感情も抱えていた。そして、密かに「できることなら、母親に家に帰ってもらえるように説得しよう」とも画策していた。

が、鉄製の階段の乾いた音がいい知れぬ不安を募らせた。Aは私の後ろに隠れるように付いてきていた。

Aが教えてくれた部屋の前に立つと不思議なことに気がついた。郵便受けに記されている名字が母親のそれとは違っていた。

「ここ?」

「うん」

「だって、名前が違ってるわよ」

「いいの……。ここだから」

「そう……」

私は「南無三!」と、チャイムを押した。

「はい」と、出てきたのは母親ではなく男性だった。ぎょっとして、

「あ、すみません、間違えました。失礼しました」

あわてて帰ろうとすると、その男性が
「あれ? A……ちゃん?」

私の後ろにいたAが顔を出した。

「どうしたの?」

と言う男性にAは、

「あの、お母さんに、ちょっと、話があって……。あの……、お母さんいますか？」

すると、部屋の奥から、

「何も話すことないよ、そう言って！」

と、大きな女性の声がした。

「と、いうことなんで、じゃ、すいません」

声と、同時に、バタン、とドアが閉まった。

唖然……。茫然として私たちは顔を見合わせた。だが、「Aの気持ちを伝えていない」

そう思い直し、私はもう一度チャイムを押そうとしたその時、Aは私の手を押さえ、

「先生、帰ろう……」

そう言った。

「でも、まだ何も話してないじゃない、Aの気持ち、何も話してないでしょ？　せっかく来たんだもん、話だけでも……」

「無駄だよ、やっぱ、来なきゃよかった」

「そんなことないって。突然来たからお母さんビックリしたんだと思う。それにAだけじ

ゃなく私までついて来ちゃったんだもん、だれだって驚くにきまってるじゃん。電話、してから来ればよかったのに、気が付かなくてゴメンね。ちゃんと話せばお母さんも分かってくれるって！　ほら……」

言葉をさえぎるように

「もう、いいって！　いいから先生、帰ろ！」

Aは私の腕を掴み、凄い力でぐいぐいひっぱり階段を下りた。

帰りの車中はまるでお葬式のようになってしまった。私はAに、

「今回はだめだったけど、この次にはきっと大丈夫だよ。電話してから行こうよね、誰だって心の準備ってもんがあるもんね。お母さんきっと驚いたんだと思う。うん、きっとそうだって、だから気にしないの！　ね」

動転した私はそんなことを何度も話したような気がする。ただ確かに覚えていることは、その度に帰ってくるAのこの言葉だけだ。

「もう、いいの……」

そして、

「あの人、私の母親……だよね」

# クリスマスプレゼント

その後、Aは非行はしないものの、また学校を休むようになった。「毎日あの狭い部屋で一人、何を想い、何をしているのだろう」と、案じても案じきれるものではなかった私はとにかく時間が許す限り電話をしたり、甘いものを食べに誘ったりした。そうこうしているうちに十二月がやってきた。

十二月はクリスマス、私の季節の到来である。十二月一日、我が家のクリスマスデコレーションの日だ。私はAを誘って家中にクリスマスデコレーションを施した。Aはリビングにある大きなクリスマスツリーの飾りつけを担当してくれた。

さすが、女の子である。かなり素敵に飾ってくれた。飾りつけしながら私たちはよく笑った。二人ともかなり疲れたものの、満足感でいっぱいだった。

久しぶりのAの笑顔に会えた日だった。

　飾りつけから数日が過ぎたある日、Ａから電話がきた。

「先生、今日、暇？」

「え、暇は作るもんですが、どうしましたかー？」

「あの、付き合ってほしいんだけど……。」

「え？　今日？　あ、うん、いいよ」

　Ａは、母親のクリスマスプレゼントを買いに行きたいというのだ。だから付き合って欲しい、と……。

「あんな母親に……」いささか不満もあったが、Ａの健気さと引きこもり状態脱却の手段としては絶好の機会だとばかりに私たちは買い物に出かけた。

　Ａが母親のために選んだものは、優しいオリーブグリーンのセーターだった。

「きっとお母さん喜ぶね」

「うん」

　クリスマスラッピングされたセーターを大事そうに胸に抱くＡはとても嬉しそうだった。

「でもさ、これって結構高いじゃない？　お金、どうしたの？」

「お年玉、ずっと取ってたの。まだあるもん」

「はい、大したもんです。ご苦労様でした」

「ふふふ」

心なしか二人ともウキウキしていた。

## クリスマスイブの出来事

二四日の聖夜は寒くはあったものの、期待のホワイトクリスマスは望めないほどの星がきらめいていた。

私は慎ましやかな我が家でのクリスマスを終え、ケーキを食べて、毎年恒例の少年院DJクリスマスバージョンを聴いて、ひと段落。

仕事部屋に戻り、Aのことを思った。「あのセーター素敵だったな。お母さん喜んでくれるといいな。きっとAも嬉しそうに笑って今頃ケーキかなんか食べてるのかしらん」そんなことを思いながらメールのチェックをし始めた時、携帯が鳴った。

Aからだった。私は嬉しい報告が聞けるものと、電話を取った。

「はいはいー。こちらあなたのＲｏｓｙでーす。ではー、メリークリスマース！」

「…………」

「あれ？　もしもし？　ちょっとはじけすぎちゃった……、かな？　あれ？」

「…………」

「え？　え？　Ａ？　Ａなの？　聞こえますかー？　あれ？　電波、変……かな？　あれ？　もしもーし」

焦った。不安が怒涛のように押し寄せる。心臓が早鐘を打つ。「ひょっとして……」そう思った。

「せんせい、私です」

「あー、うん、よかったー。やっと通じた。メリークリスマスね」

「はい」

予感が的中した。それも悪すぎる方の予感が。電話の音に耳を澄ました。時折車の行きかう音が聞こえる。

「どこにいるの？」

静かに聞いた。

「河原」

「誰と？」

「一人で」

「どうやって行ったの？」

「歩いて」

「寒くないの？」

「わかんない」

「そう、今迎えに行くから、待ってなさい。いい？」

「はい……」

取るものもとりあえずコートを手に走った、「いったい何なの！」怒りに押しつぶされそうになりながら車を走らせた。車の中でも走っていたい、そんな感じだった。

悲しいくらいに綺麗な星空と、暗く広い河原の間にポツンと一人、Aは座っていた。Aは見えないはずの暗い川をじっと見ていた。

「A、A？　迎えに来たよ、帰ろ」

呼びかける私の声は彼女の心には届かないようだった。慌てて駆け寄り、Aの肩に手を置いた。Ａはそれでも私を見ようとはしない。

Ａから少し離れた所に破れたクリスマスのラッピングペーパー、その少し離れたところにリボン、そのまた少し離れたところに、手提げ袋がある。

全てが理解できた。危惧していたことが起きたのだ。Ａは両手にあの見慣れたオリーブグリーンのセーターを胸のところで抱えるようにしてきつく、きつく握っていた。

私は散らばったラッピングペーパーやリボン、手提げ袋を拾い、Ａに

「さ、帰ろう」

と言った。Ａは半分放心状態で、

「どこに？」

「え？　家に決まってんじゃん。さ、寒いから帰ろ、風邪ひいちゃうよ」

「いいです」

「いいですって……」

「私に帰るとこなんてないもん」

「そんなことないでしょ？　ちゃんとお家があるじゃないの。お父さん待ってるでしょ？

さ、帰ろ」

「鍵、開かないから。今日はお母さんのとこに行くって言ったから、お父さんいない……」

「そうなの、じゃ、私の家にくればいいじゃない。美味しいクリスマスケーキあるよー。ちょうどAと一緒に食べたいナーって思ってたとこなんだ。だからさ、帰ろ」

握ったセーターを取ろうとしたその時、Aの左腕から幾筋かの血がひじにかけて流れているのが見えた。

「A！　何てこと！　何てことするの！」

白い細い腕にはいつもの太いベルトの時計はなく、いくつかの傷らしきものが暗闇のなかにもはっきり見えた。

慌てて抱えたバックからハンカチを取り出し、傷口に巻いた。細い腕はさほど大きくはないハンカチが二巻きもできた。きつめに巻きながら私は、

「何で？　何でこんなこと、なんで？　もうしないって言ったじゃない、約束したのに、何で？」

と何度も何度も繰り返していた。

「死んでしまいたい、って、そう……」

「どうして？　どうしてそんなこと」

「だって、私、帰るとこないんだよ。誰も私なんか要らないんだもん。生きてたってしょうがないじゃない。どこに行けばいいの！　どこに行けばいいの？　お母さん、お母さん、お母さん、お母さん、お母さん、お母さん。お母さん」

まるで迷子の幼子のように母親を呼び続けるAを私は抱きしめた。Aは私にきつく抱きつきながら「お母さん」と泣きながら言い続けた。

「分かった、分かったから、明日お母さんのところに行って話してくるから、必ずそうするから、ね。もう帰ろ。きっと大丈夫だよ、だってクリスマスだもん」

車に乗ったAは一点を見つめている。何があったかは聞かずとも察しがついた。

悲しいほどに腹が立った。これほどまでに母を恋う我が子に、なぜこのような仕打ちができるのかと、憤りに体中が熱くなった。突然、

「先生、今日、先生の家に泊まっていいの？」

「もちろん！　大歓迎だよ」

「迷惑じゃないのかなー」

「ぜんぜんそんなことありません。今日は一緒に寝よう！　あー、ひっさしぶりー、嬉しいなー。抱っこしちゃおっかなー。なんちゃって……、あ、迷惑……かな？　ハハハ……」

なぜか気まずい。ちょっとやりすぎだったかな……。

「せんせ、ありがと……。私、約束破ったのに、ありがとう……。ごめんなさい……」

腕に結んだハンカチで涙を拭きながら、Ａはそう言った。

「ただ、これだけは約束して、もう、死のうなんて思わないこと。リスカする前に私に連絡して「リスカの許可」をとること。行く所がない時には私の家に来ること。いい？」

Ａは何度もうんうんと頷いた。

家に帰り、傷の手当をした。思ったより傷は深くなかったが、自分を傷つけるしか心の痛手を癒す術を知らないＡが不憫で仕方なかった。

私たちは一緒にクリスマスのノエルケーキを食べ、一緒に眠った。私はＡが眠るまで、時折頭をなでながら、物語を話したり、私の失敗談や嬉しかったことなどを話した。

不思議なことがあった。Ａは以前から私が抱きしめる度に必ずこう言うのだ。

「先生、いい匂い」

Ａはそう言いながら眠りについた。疲れただろう、と思った。心も身体も全てが疲労困憊のはずだ。私はＡをなでながら思いっきり泣いた。泣けるだけ泣こうと決めたからだ。

そうして悔しさを流すことにした。

傍らには小さな寝息を立て、Aが眠っている。その顔はまるで無垢な天使のようだ。隣に小さな寝息を立てて眠る子供がいることが、不思議なほどに懐かしく、これはきっと神様からのクリスマスプレゼントなのかもしれないと思っていた。

## 決戦

次の日、私はAのセーターを手に、母親が住むアパートに出かけた。ちょうどその日は同居の男性が留守らしく、迎えた母親は、少し迷惑そうだったが、部屋の中に招き入れてくれた。部屋は小奇麗に片付けられ、白い壁には男女おそろいの赤いトレーナーがかけてあった。

私は母親に昨夜の出来事を話した。母親は静かに聞いていた。リストカットの話に至っても母親はただ聞いているだけで何の反応も示さない。

「あら、お母さん、驚かないんですか？」

「ああ、はい。以前から知っていました。しょっちゅうですよ」

「それで？　お母さんはどう思われますか？」

「どうって……。別に……」

カチン！　と、いやガッチン！ときた。「知っていて何で⁉」私は紙袋から持ってきたセーターを取り出して、母親の目の前にセーターを広げた。

「お母さん、これを見て下さい。ほら、ここんとこ！　Aの血ですよ！　Aの……！

あの子、このセーターをしっかり掴んで胸のところにずっと抱いてたんですよ。血だらけの腕で、きつくきつく握って……なかなか離さなかったんです。そして泣きながら、お母さん、お母さん、お母さん、って何度も何度もあなたを呼んで……。お母さん、あなた、何とも思わないんですか？　なぜ、このセーターを受け取ってあげなかったんですか？

あの子、とっても楽しみにしてたんですよ。きっとほしいものもあったでしょうに、我慢してお年玉使わないで……、あなたのために……、このセーターを買って……」

涙が止まらなくなっていた。母親も泣いていた。しかし、母親はまだセーターを受け取ろうとはしない。情けなさと悔しさとAの痛みが一度に去来し、噴出した。

「あなた、Aの母親でしょ？　Aの母親ですよね！　それなのになぜあなたはあの子の気持を分かってあげないんですか？　なぜ、あの子にこんな辛い思いをさせなければならないんですか？　なぜあの子を抱きしめてあげないんですか？　なぜ愛してあげないんですか？　母親が自分の子を愛さないでいったい誰を愛するんですか！　ほんとうに大切なものを大切にしないでいったい何を大切にするんですか！　あんなにあなたを必要としているのに、可哀想じゃないですか！　あんなに……、可哀想で可哀想で見ていられない……」言葉が続かない。昨夜のAの姿が思い出されて、悲しくて悔しくて、可哀想で、もう言葉が続かないのだ。

束の間の沈黙が流れた。聞こえるのは二人の涙を拭う音と、目覚まし時計のカチカチという音だけだった。その音に後押しされるように、母親は泣きながら静かにセーターに手を延ばし、愛おしそうに胸に抱いた。その仕草は「昨夜のAの仕草とすっかり同じだ」そう思った。

## 母子の絲《いと》

あれから、一年が過ぎようとしていた。Aの両親は離婚が成立し、Aはすでに保護観察解除になっていた。

この年もクリスマスキャラメル作りの季節になり、私はその材料を買いにスーパーに出かけた。たくさんの荷物を買い物カゴに載せ、会計を済ませ、幾つものビニール袋を両手に駐車場に向かおうとしていると、突然、重いはずの荷物が軽くなった。

あわてて後ろを見ると、そこにはAがニコニコ笑って私のビニール袋を抱えていた。パンクガールはどこ吹く風と、素朴で愛らしい中学生になっていた。

「あら、A、元気そうね。それにその制服もとっても可愛い、似合うね」

そう言うと、Aはにっこり笑って、

「私、高校に行くんだよ。I高校受かったの」

「えー！凄いじゃないの！　あったまいいんだねー。ウンそうだよね、私の子だもん、とーぜんです！　おめでとー！」

悪乗り三昧ものともせず、Aが
「先生、あれ」

と、駐車場の方を指差した。そこには、一年前のあの日、Aが泣きながら何度も何度もその名を呼び続けた母親がにこやかな顔でこちらを見ていた。

反対側にいる私に軽く会釈をした母親は、あの時のオリーブグリーンのセーターを着ていたのだった。

愛は誰の心にも住んでいる。ただ、時々その影を潜めるだけだ。しかし、時代が変わり、生活環境に変化がおこっても、いつの日、どんな時にも母子を繋ぐ絲は切れることはない。私はそう信じている。

## 大好きだからね

「大好きだから」

私は少年たちに必ずこう言う。それも別れ際に、別れの挨拶としてこう言う。

少年たちは決まって、「うん」とか、「俺も」と答える。嬉しそうにはにかみながらそう答える。彼らにはそう言ってもらえる肉親がいない。だから、まんざら迷惑ではない。親たちは、たとえそう思ってもそんなことを口には出さない。口に出してくれていたならきっとこの少年たちは非行には走らなかっただろう。

誰かに愛されているということ、自分を好きな人がいるということが、寂しがり屋の少年の心を救うなどとは思ってもいないのかもしれない。

私は会う度にこの言葉を口に出し、その想いを伝える。

そこには少しの偽りもない。

本当に、大好きなのだから。

## ソフトクリーム効果

ソフトクリーム談義なら私はこと欠かない。

せっかく紹介した仕事も続かず、何もせずにうろうろしている少年。

そういう少年は日中には動かない、夕方から夜にかけて燃えるのだ。だいたい午後三時から四時頃に、もさもさ動き出し、五時六時になると起動開始、夜遅くなるにつれ、目がギンギンになる。これは、仲間の仕事が終わるのを待つことから自ずとそうなるようだ。

時に私はその「もさもさ」を突く。

ひょいと少年の家を訪ね、

「おおい、何してるんだー？」

細く開けたドアごしに言う。

「ああ、テレビ見てるっす」

「えー、マジ？　ほら、ソフトクリーム食べにいくぞ」

「ええ？　マジすか？」

「マジ、マジ！　こんな昼日中に家でテレビなんぞ見てるから、夜動き出すんだって！

ほんと、何やってんだか。まあ、いいから、たまには私にも付き合ってよ。私、君とソフトクリームたべたいの！」

「あっ、ちょっと待って。今、パンツ一丁っす」

「えー！　寒くないの？　まあ、どうでもいいから、早く！　行くよ！」

「はい！」

こんな調子で少年を連れ出し、一緒にソフトクリームを食べながら、

「美味しいね」

「うん、美味しい」

「あのさ、甘いものって、ひとの心優しくするんだよね」

などと勝手なエリコ持論談義を醸しつつ、自身、ソフトクリームにありつけた満足の中、強引かつ嬉しさ満載に辟易隠せぬ少年とのアイコンタクトよろしく、生き方、友達との付き合い、その他もろもろの話ができてしまう。

たった、三、四〇分の時間だが、この効果は抜群で、普段はできないような話も説教がましくなく話せてしまうのが不思議である。

私の対象者のほとんどはこの、

「ソフトクリーム・エリコ・マジック」

の経験者なのだ。

## 不思議な少年

久しぶりに積もった雪が早咲きのマンサクの黄色の細い花びらを隠す、春まだ浅い日の夕暮れ時、Hは来訪した。

初対面のHは非行少年の特徴といえる風貌は皆無で、ごく普通の少年という印象だった。挨拶もでき、面接ではおとなしく、私の質問にも小さな声ながらきちんと誠実に答え、アドバイスには「はい」「はい」と答えていた。

ただ、広く開けた胸元やまくり上げた腕から覗く無数の傷跡が、その誠実さとはかなりミスマッチであったのだが、それ以上に彼の目が不思議だった。

面接の間中、Hは真っ直ぐに私の目を見ている。だが私を見ているはずのその目がなぜか違う空間を捉えているように感じるのだ。それは心ここにあらず、というのとは違う何とも表現しがたいものだった。

「私の話、聞いてるよね？」

「はい」

「なら、今、どこ見てるの？」

「先生……」

確かに私を見てはいる。だが、なぜか釈然としない。

「なら、今、何を考えているのかな？」

「話……聞いてます」

確かに聞いている。そしてきちんと答えている。それなのに、この目は何を見ているのだろう……。困惑の中にいい知れない興味が湧いていた。

これまで随分いろいろな特徴を兼ね備えた少年たちと向き合った私だが、こんな少年は初めてだ。探るようにいろいろ質問してみるが、Hはすべての質問に、模範解答ともいえるほどきちんと答えている。まるで文句のつけようがないのだ。

そこで、家族のことを聞いてみることにした。

「家族では誰が一番好き？」

「いません……」

「じゃ、比較的好きな人は？　お母さんかな？」

「……」

今までの少年なら、「まあ……」とか、「それなり……」とか、反対に「あんな奴、大っ嫌いだ」と、くるのが普通の反応だ。だが、Hは考えているふうでもなく、黙って私をじっと見ている。それは、あたかも向き合う私にその後の言葉が言い出せないように魔術をかけているようにさえ思えた。

この話題はまずいのかな。そこで友達のことを聞いてみることにした。

「友達は誰かな？」

「いません」

「うっそー、誰かはいるでしょう？　だってHはさ、すごく真面目そうで頼りになりそうだから、きっと頼ってくる友達、いるでしょ？」

「買いかぶりです。いません」

あまりにきっぱり言うHの顔は無表情そのものだ。かなり気まずい状況を打破しようと、

「そ、じゃ、私が友達第一号に立候補しようかな」

「大丈夫です。いや……、あの……、はい……、ありがとうございます」

訳が分からない。しかし、これで引き下がる私ではない。何とかHの心をとらえようとこの後もいろいろ試みるが、反応は誠実すぎるくらい誠実で、つかみどころがないのだ。

気がつくと面接はすでに一時間を越えていたにも関わらず、Hは嫌な顔一つせず背筋を伸ばし一つ一つきちんと受け答えしていた。

ただ表情も変えず、家族のことは何も語らず、友達はいないと言い切るHがとても気になった。孤独を好む？　そんな人間がいるのだろうか。

今までの対象者は皆、家族や友達が好きだと言っていた。面接当初に家族が嫌いだと言

った少年たちも、結局家族が一番好きだと最後には認めていた。

しかし、Hは家族に対してはかたくなにノーコメントを決め込んだ。だが、調書を見る限りでは家族との諍《いさか》いはなく、家族自体にも特に問題はないように思えた。それならなぜ？　気にはなったもののHの立派な態度に、もう話すことは見つからなくなり、次回面接の約束と、何かあったらいつでも連絡することの念を押し、この日の面接を終わらせた。

しかし何とも不思議な感覚が否めない私の脳が、またしても理解不能のシグナルを点滅させていた。

## 無敵

私という人間はよほどアクシデントに遭遇するようにできているらしい。

私は深夜によく買い物をする。それは、日中買い忘れたものを深夜に思い出すという悪習慣もあるが、それ以上に深夜の買い物はかなりスムーズだからだ。

日中の買い物の時にはレジに並ぶという当たり前のことが私はとても苦手で、人も少なく、すいすいと買い物ができる深夜のほうが楽だという横着者気質の自分が顔を出す。

その気質を存分に発揮すべく、その日も深夜に買い物に出かけた。車を運転していると、暗がりの広場右端から、キラッと光るものが縦・横に動くのが視界に入った。

「ん？」不思議に思い、車を止めて窓を開ける。すると何人かの男の怒号が聞こえ、ドスッ、ドスッと堅いものが当たるような音がする。暗闇に目を凝らすと、数人の少年たちが鉄パイプを振り下ろしている様子が見えた。

「喧嘩だ！」「警察！」携帯を取り出すと同時に「こらー！　喧嘩はやめなさい！」と、走り近づきながら怒鳴った。すると、鉄パイプの少年三人と馬乗りになられて地面に倒れていた少年が、なにやら言葉を吐いて逃げていく様子が見え、まるで蜘蛛の子を散らすようにいなくなり、その人影を追うように眼光鋭い一人の少年が立っていた。

私は息を切らしながらその少年に駆け寄り、

「大丈夫？　怪我はないの？」と矢継ぎ早に聞いていた。すると、

「大丈夫です……」

とゆっくり、しかしはっきりと答えた声に聞き覚えがある。新月の深夜で、月の光はなく、遠くに街灯と数軒の民家の二階の窓に灯る光が見えるだけの暗い場所で、顔は見えな

い。

「え？」

「先生、自分は大丈夫です」

「はー？　H？　Hなの？」

「はい……」

「えー、何で？　何でHがここにいるの？」

「呼び出されました」

「誰に？」

「よく分かりません」

「よく分からない相手になんで呼び出されるの？」

「分かりません」

「分かりませんって……。相手は四人だったでしょ？　鉄パイプ持ってたじゃないの、怪我は？」

「ないです」

「嘘！　強がり言ってないで早く見せなさい！」

「ない……です」

「ない……って……」

暗がりの中でHのあの目が真っ直ぐ私を見ているのが分かった。

一瞬私は言葉を失ったが、もし怪我をしていたなら大変だ、とにかく家に送らなければ。

「そう……なの。じゃ……、とにかく車に乗りなさい、送っていくから」

「いえ、歩いて帰りますから、大丈夫です」

「もう！　そうはいかないの！　私はHの保護司だよ！　ほっとけるわけないでしょ！　だいたい今何時だと思ってんの？　夜中の二時！　でしょ？　二時！　深夜徘徊もいいとこじゃないの！　まったくHらしくないったら！　いいからつべこべ言わずにさっさと私の車に乗りなさい！」

つべこべ言っているのはHではなく私なのだが、とにかく心配だった。

「はい、すいません……。それじゃお願いします」

と、いつもと変わらない調子の小声で言うと、Hはちょこんと助手席に座った。しかし大丈夫とはいっても、四対一、多勢に無勢だ、それに相手は三人も鉄パイプを持っていた、おとなしいHに怪我がないはずがない。そう確信した私は一番近くのコンビニの前に車を止め、Hの様子を見た。が、Hは涼しい顔をして座っている。本当に怪我はないようなのだ。

「H？　本当に……、どこも怪我してないの？」

「はい」

「だって……」

「自分は痛いの嫌いですから、怪我しないんです」

「四人だし……、鉄パイプ……」

「あんなのちょろいです。喧嘩になりません」

言葉がない。信じられなかった。

おとなしく、きちんとしたHの言葉とは思えなかった。あれだけの悪条件の中、あざはもちろんのこと傷一つないHを横目に、ただ「無敵」という言葉が脳裏を駆け巡っていた。

# 珈琲&チョコレート

その後、何の問題もなくHの保護観察は早期解除になった。就労もきちんとしていたし、問題行動や違法行為などHには無縁に思えた。

しかし、H独特の不思議な目は最後まで解明不能のままだった。保護観察の中盤ごろから、私はHのまなざしに言及することを断念していた。

もちろん大いに気にはなっていたが、ここまで解明できない以上、こういう子もいるんだ、と、自分に強制的に納得させることにしたのだった。

通常、私の保護観察対象者は解除になった後も何かと私に連絡をくれるのだが、Hからは解除後半年以上過ぎても何の連絡もなかった。

古人が語るように「思えば影射す」というが、まったくもってそのとおりで、私がその子を思うと、その直後に連絡がきたり、遅くても二、三日後には連絡があった。

「凄い!」有頂天全開の私は、まるで心霊術の担い手ではないかと自我自賛よろしく、まるで能天気な性格そのものなのだが、ことHに関してはその自信も失墜するかのように、なしのつぶて状態だった。

解除から半年ほど経った頃になると、何の連絡もないHのことはもう私を必要としないほどきちんとした生活を送っているものと納得することにし、あまり思い出さなくなっていた。

その日は春の静かな雨が降っていた。車のタイヤが奏でる音が地面を濡らす雨音を伝えていた。この日は珍しく日中に買い物をすませたため、差し迫った深夜の買い物はなかったのだが、仕事をしている途中からどうしてもチョコレートが食べたくなった。

私の仕事時間は一般の方々の眠っている時間にもまだ続いている。いや、早起きの方がいれば、早起きの方の起きる時間、もしくはすでに働いているかも知れない時間にまで及ぶことが日常である。

だからと言って昼寝をしている訳ではない。朝も、できれば眠っていたいのだが、電話や仕事、その他もろもろの事情があり、結局早起きを強いられる。そのため、以前から多いとはいえなかった睡眠時間は激減、そんな毎日の繰り返しの中で、日常の生活を終え、やっと自分の時間としてパソコンに向かえるのは深夜零時を回る頃だ。

友人たちや、子供たちはそんな私を宇宙人だと言うが、私とて人間の端くれである。睡眠時間一時間から二時間、多くても三時間の毎日を送っていれば眠くないはずはない。それでもパソコンにはメールが山ほど、その上、他の仕事もある。だから、眠ってはいられない訳で、そうなると何とか睡魔に打ち勝つ必要がある。

私の場合その大いなる助っ人がお気に入りを通り越し、すっかり中毒状態になっている珈琲専門店「まつりか」のマスターオリジナルのマスターブレンド珈琲とチョコレートなのだ。

珈琲中毒の私にはこの「まつりか」のマスターブレンドは大沼必須アミノ酸状態であり、これがないと毎日が始まらないばかりか、仕事のお助け役そのものなのだ。

この「まつりかブレンド」は風味抜群、味といい香りといい、リーズナブルな中にも心はもちろんのことお腹、さらには脳にまで贅沢を味わわせてくれるという、まさに絶品！これぞまさしく至福の活力源、と賞賛すべく、欠かすことのできないまさに大沼元気維持・贅沢感満載・睡魔粉砕オリジナル珈琲なのである。

この日もやっとパソコンに向かい、一時間もすると、案の定睡魔が襲ってきた。そこで、三階の書斎から一階の台所に降りていくと、うかつにも頼みの綱のチョコレートが切れているではないか。これがないとなぜか起きていられる自信がない。

つまり、私は珈琲アンドチョコレート依存症であり、この助けがなければ仕事もろくろくできないという強迫性障害なのである。こうなればいたし方ない、チョコレートを買いに行かなければ、と、考えるいとまもなく、私は車に乗り込んでいた。


幸いなことに、今はコンビニの他に二四時間営業のスーパーがある。スーパーまでは車で五分、何ということはない。サクサク買って帰り、このスペシャル覚醒ペアセットをゲットし、即座に仕事に取りかかれるというはずだった。

が、スーパーに近づくにつれ不安がよぎった。年中無休、二四時間営業のはずのスーパーの明かりが見えない。普段なら遠くからでもよく見えるように光り輝き、なぜか見るものに安心感をあたえてくれる存在のはずだった。

それでも電気の付け忘れも考えられると疑心暗鬼のまま、スーパーの駐車場に車を乗り入れた。どうしても納得が行かなかった。年中無休、二四時間営業を棄てきれないのだ。

しかし、ささやかな期待はもろくも崩れ、やはりこの日は休業のようだ。どうしても確認して納得しなければ気が収まらない私は、暗い駐車場に車を止め、スーパーの入り口まで歩いていった。

すると、入り口には張り紙がしてあり、「店内改装のため〇〇日まで休業とさせていただきます」と、書いてある。「聞いていない！　私はそんなこと聞いていない！」毎日仕事場までの通勤路にあるそのスーパーはいつもやっているとだけ信じていたのに、アンフェアだ。

と、そこまで悔しがる必要もないのだが、何しろ深夜就労起爆剤のチョコレートがかかっているため、一瞬平常心を失ってしまっていた。

なぜなら私の好きなチョコレートはコンビニには売っていない。さて、どうしたら……。

「あ！　そうだ！」ピンときた。ここから車で一五分くらい走らせた所に早朝四時まで営業している店があることに気がついた。

「あそこなら……」と、落ち込む間もなく勢い込んで車に乗り、暗いスーパーの駐車場を後に次の目的地へ向かうことにした。

車中、よからぬ疑念が脳裏を過ぎった。「まさか、あの店も休みだなんてことないよね。ない！　ない！　え？」

あわてて時計を見ると午前一時一三分、「全然！　間に合うじゃん」。とにもかくにもチョコレートを求めて車を走らせたのだった。

## 保護司じゃないのに

その店はかなり遠くからもひときわ美しすぎるネオンを輝かせ、私をすっかり嬉しくさせてくれていた。もう一つの信号の先がその店というところまで来ると、それまで青のオンパレードだった信号が、なぜかそこだけ赤信号になりひっかかってしまった。

でも何のことはない、「この信号さえ過ぎればチョコレートが待っているのだ。」と……、信号待ちをしていると、車窓の外遠くに以前見たのと同じ光景が視野に入った。

車斜め前の草に覆われた広場らしき所から時折キラッキラッと、上下左右に鈍く光るものが見える。「あれ?」窓を開け耳を凝らす。深夜の静けさと湿度の高い空気の向こうから、何かを叩く音と怒号のような声が聞こえてくる。

「え?」こうなるとチョコレートなどとは言ってはいられない。条件反射よろしく車を道端に止めて広場へと走っていた。案の定、この前の面々らしき少年数人がまたしても同じように喧嘩をしているようだった。

が、しかし、今回聞こえてきた声は以前聞いた内容とは違っていた。

以前の時は「このヤロー！」とか、「ぶっ殺すぞ！」とかだったように記憶しているのだが、今回は「おい、立てよ」とか、「おめー、なめてんのか」とか、「いいや、めんどくせーからやっちまえ」、なのだ。

全力疾走のつもりで走り、近づきながら直感が危ないシグナルを点滅させ、心臓が早鐘を打つ。なぜなら倒れている何かに向かって数人の少年が光るものを振り下ろし、足で蹴っている様子が遠くからでも見て取れた。まずい！

「こらー！　やめなさい！」思わず怒鳴っていた。だが、夢中で殴る蹴るを繰り返している少年たちには聞こえないらしく、その行為をやめようとはしない。

「警察だぞ！　おまえら！　もうやめなさい！　やめろったらやめろー！」満身の大声で叫びながら走った（とっさの嘘なので警察の皆さんお許し下さい）。

警察という響きに少年たちは過敏である。少年たちはハッとこちらを見たかと思うと、慌てて広場の先にある住宅地へと蜘蛛の子を散らすように消えていった。

怒鳴りながら私なりに全速力で爆走し、やっと現場に着いた時にはすでに鉄パイプ少年たちはおらず、袋叩きにされていたと思われる少年が一人、昨日の雨でできた水溜りの脇に横向きにお腹を抱え、まるでお母さんのお腹にいた時の胎児のような姿勢で静かに横たわっていた。

辺りは何事もなかったかのように静まりかえり、横たわる少年は微動だにしない。「まさか！」息をのんだ。

「おい！　大丈夫か？　生きてる？」

返事はない。かなりまずいと判断、近寄って肩を揺すり、「大丈夫なの？　返事しなさい！」横向きの上になっているほうの肩を掴み仰向けにすると、その少年は大の字になり動かない。

月はもうすでに西の空に沈もうとし、あたりには光もなく少年の様子がよく分からない。そこで、携帯電話を取り出し救急車に連絡しようとしたその時。

「せ・ん・せ……」

「へ？」

「せんせ……」

力はないが聞き覚えのある声と、この期に及んでも冷静そうな抑揚がダイヤルを押す指を硬直させた。あわてて携帯の写真撮影モードについているライトで顔を照らすと、見事に殴られた痕跡を残し、されど何とか識別できる程度の顔に見覚えがある。

「H？　H……なの？」

「………」

「え？　何で？　何でHなの？」

全く理解できない。なぜならHは保護観察優秀チームの筆頭と言えるほど優秀で、就労も普段の生活にもなんら問題なく、早期解除の自慢の少年だった。

その上、喧嘩がめっぽう強い。以前も何人をも相手に、傷一つ残さない豪腕である。それに今まで喧嘩に負けたことはないと周りからも本人からも聞いていた。

それなのに遠くから見えただけでも、Hは倒れたまま全く抵抗している様子さえ見られなかった。やられっぱなし。そんな感じに見えた。全く信じられない展開に夢を見ているのかとさえ思った。

「やっぱり……、H……なの……か……。でも何で？　さっぱりわかんない」

Hは何も言わない。

「とにかく大丈夫なの？」

黙秘。

「立てる？」

無視。

「立てないの？　そんなにやられちゃったの？　そんじゃ待って。今、救急車よぶからね！　ちょっと待ってなさいよ！　死なないでよ！　ちょっと待ってて……。ええっと」

不覚なことに焦っていた。仰向けになり微動だにせず、何も答えないHのこの様子ではかなりのダメージのはずだ。命に関わる。

本当にそう思うと手が震えて携帯電話は落とすの、開いた携帯のボタンは間違うのと、すっかり取り乱し、何ともお粗末な状態のまま、「えっと、あれ？　あ、ごめん！　死ぬな！　待ってて」

などと独り言ばかりを繰り返し、思い通りにいかない携帯と格闘していると、倒れていたはずのHがおもむろに起き上がり、住宅地の方にゆっくりゆっくり歩き始めた。

「え？　あ、待って！」

Hは足を引きずりながらよろよろと歩く。

「ちょっと、待ちなさい。大丈夫なの？　一緒に病院に……」

携帯を操作しながら追いかける。Hはお構いなしにどんどん歩いていく。

「ちょっと待ちなさい！　H！　H！」

やっとのことでHを掴まえ、顔を見ようと前に出た。

Hはかつて見たことがない形相で、眼光鋭く私を見据えたと思いきや、突然目線を外し、私がずっと不可解に思っていた面接の時の遠い目で、

「何で助けたんだ……」

声は小さいが、しかし、はっきりとそう言った。

「え？」

「死ぬって決めてたのに……」

「何でだ！」

「もう先生には関係ねーだろ？」

「何言ってんの、関係あるでしょ？　Hだよ！　保護観察が終わったってHは私の息子だよ、最後の面接でもそう言ったじゃないの。忘れたの？」

「忘れた……」

「何で忘れんの？　ほんならもう一度言うから忘れないで。これからも何かあったら私の

所においでね。待ってるから。今、言ったよ、これでいい？」

「…………」

怪我をしている割にHの歩みはかなり速く感じた。Hは私を振り払うでもなく、行き先を決めている様子もなく、ただ前を見て歩いている。追いかける私は息が切れていたが、このまま放ってはおけないと思った。

「ちょっと待ってよ、歩くの速いって！　でもさ、負け知らずのHが、どうしたの？　何かあった？　あ、分かった！　お母さんと喧嘩した？」

「……、あいつは前に、男と出てった」

「あ、そっか……。それで……。何だよー、ならついて行けばいいじゃん」

「行かねーよ」

「何で？　ちゃっかり一緒に行っちゃえばいいじゃん。だってHのお母さんでしょ？」

「俺のおやじは一人だ」

「そう……、うん、そうだよね。そうだ！　それならお父さんの所に行けばいいじゃないの、お父さん一人暮らしだったでしょ？」

「おやじ、死んだんだ……。自殺だと……。笑える……」

聞き違いであってほしかった。返す言葉が見当たらない。夢であってほしいと思った。

Hは当てもなくただ歩いている。

「H、ちょっと待って、ちょっと待ってってば！」

「大丈夫だから……。俺は大丈夫だから、先生、帰れよ」

「いいよ、付き合う。帰れないよ」

「いいから、俺、一人になりたいんだ」

「わかる……。ごめんね……」

「あやまんなよ……」

「うん……。だって……。私、ほっとけないもん……、ほっとけないじゃん」

「…………」

「家に帰る……」

「ほんと？」

「ほんと……」

「だってだれもいないじゃん。私のとこに来なよ」

「眠りたいんだ……」

「そう、なら分かった。気をつけて帰ってね。ちゃんとご飯食べて寝るんだよ。何かあったら連絡してね」

Hは立ち止まり、向こうを向いたまま、こくんと頭を下げた。

私はこれ以上は邪魔なのだと悟っていた。私は歩みを止め、真っ直ぐの方向を見て歩いていくHの後姿に向かい、

「H、H、どんなことがあったって生きていくんだよ。死んだら駄目だ。死んだら私が許さないからね。人生なんてそんなもんだよ、いろいろあるんだって！　とにかく信じてるから生きてね。そんで何かあったら、ううん、なくても家に遊びに来てね、私待ってるから！　いつだって待ってるんだからね！　大丈夫だって、私がついてっから。大丈夫だよ。忘れないでよ！　いい？」

大声で怒鳴り、Hが暗い通りの向こうに消えていくのを見送った。

姿が見えなくなると私はHが歩いて行った反対方向を向いて泣きそうになりながら、駐車違反の標識の前に止めた車に向かって歩き始めた。

無我夢中で付いて来たが、車までは急ぎ足で30分かかった。気がつくと朝焼けの空に明星が光り、空は一面トワイライトカラーに染まっていた。

「夢であってほしい……」何度そう思う場面に出くわしたことだろう。だがその夢のような出来事は、いつもやり切れない現実として重く心にのしかかる。とどまることを知らないその現実に直面する度に、いい知れない怒りと哀しみという感情が体中をしばりつける。まるで夢の中を浮遊している感覚で、今自分は現実としてここにいず、ひょっとしてこれは本当に夢かもしれない、という、現実逃避感覚にとらわれる。いいや、とらわれたいと無意識に反応している時が幾度となく訪れるのだ。

そして私は知っている、Hの言った「眠りたいんだ」は、きっと「泣きたいんだ」、なんだと……。

「私が付いているから！」

は、彼にとってはあまりにも心もとない言葉なのかもしれない。しかし、この一言が行き場を失った心に不思議な安堵を覚えさせることも否めないのだ。

# 生きます

早朝六時、門の開く音がした。「新しい新聞配達の人かな?」

窓から覗いてみると、帰ったはずのHだった。

「あれ?　家に帰ったんじゃなかったの?」

「いえ、帰りませんでした」

「じゃ、今まで何してたの?」

「歩いてました」

「歩いてたって……、だって怪我……」

「大丈夫です」

「そう……、なの?　あ、じゃ、朝ごはん食べようか!　お腹すいたでしょ?　そうだ、一緒に食べよう!」

「あの……」

「あれ、だめ……かな?」

全く意図するところが分からず、とまどうばかりの私に、

「先生、少し、話、いいですか?」

初めてだった。Hからこんな言葉を聞いた記憶がなかった。

「え? あ……、うん! いいよ! 全然いいから、ほら中に入って!」

「でも、あの、洋服どろどろなんで……」

「あ、そっかー、洋服だけじゃなく身体もみんなどろどろ怪獣君だったよね。それならお風呂に入りなさい。ちょっぴり傷は染みると思うけど、息子の洋服出しとくから、ね?」

「でも悪いです……」

「悪くない! 悪くない! 観察終わった子たちも皆そうしてんのよ。たまに親まで……。だから全然気にしなくっていいよ。それよりもそんな姿でいたら私がいじめたんじゃないかって近所に変に思われるし……、だからそうしてもらうと、とっても助かるんですけど」

しばし考えて、

「そうですか、今回はお言葉に甘えさせていただきます」

そう言い、Hはお風呂に入った。その間、私は朝ごはんの準備をしていた。お風呂から

出てきたHは息子のジャージがぴたりで、なぜかすっきりとして見えた。

「おっと、H、よく似合うじゃん！　さ、ご飯食べよ、お腹すいたでしょ？」

だが、Hはご飯を食べる様子がない。きっとお父さんのことがショックなんだ、と、何食わぬ顔で
「いっただきまーす！」

とご飯を食べようとした私に向かい、Hがこう言った。

「先生、おれ、ショックでした」

「うん……」

「親父はだらしないです」

「よく分からないけど、よっぽどだったんだよね」

「いやになりました」

「何が？」

「生きてるのが」

「今はそう思うの無理ないよ」

「でも、俺、先生にお礼、言ってないんで……」

「いいのよ。でも何のお礼？」

「ついててくれるって……」

「？？？」

「俺についててくれるって……」

「ああ、それ？　もちろんじゃないの、Ｈには私がついてます！　だから、困った時や寂しい時や、一人ぽっちが辛い時はいつでも来てほしいな。あ、何もなくてもたまには私のこと思い出してくれたらうれしいなー、って」

「俺、誰も信用できないんです。親も誰も……」

「そっかなー、私は皆信じてるの。信じるの好きなんだ」

「でも……、先生、死ぬなって言ってくれました」

「あったりまえでしょー！」

「皆、死ねって言いました」

「みんな……？」

「はい、ずっとです。だから生きてていいのかな？　って、いつも思ってました。俺はいらないんです。違う、いないんです。あいつらの中に……。この世の中に……」

やっとこれで保護観察当時からの疑問が解明できた。

往訪の際、約束の時間に行くと、母親は急用ができたと小奇麗な格好でそそくさと出て行った。そのあとの二回の往訪もまるで同じだった。指定される日はいつも父親が仕事の日時で、母親はことのほか明るく振舞っている。Hはその様子を見るでもなく、ずっと窓の外を見ていた。私は部屋を一望できる玄関に立ったまま、母親の忙しそうに支度する様子を目で追いかけ、突風のように出て行く母親を見送っていた。

ドアが閉まると、そこには窓の外を見たままのHと茫然と玄関に立っている私だけが、通り過ぎたブルガリの香水の匂いに包まれていた。

Hはこれまで、幾度この情景を目にしていたことだろう。日々、諍《いさか》いを繰り返す両親、その殺伐とした不穏な空気の蔓延する家庭という空間。

両親の中にはもはやHの存在はないことを悟りつつも、その風化した家族の中にあって己の居場所を探すことさえ許されはしない。

いまいましくも断固として君臨し続ける、その暗澹たる家族という荒れ狂う海の中を泳ぎ続けたHの心は、もはや生きる意味を見失い、ついには凍りつき、宙を浮遊するしか術を知らない。

本来は彼を愛してやまないはずの両親の中には、彼の生きる命さえ認められてはいない。その渦に巻かれ、行き場を失ったHの心は不安におののき、「生きていていいのかな?」と、自問自答の日々を生き続けた、その心もとなさは察するに余りある。

だから、心がここにはなかったのだ。あの不思議な目は鏡のごとく、その心を映し出していたに違いない。

そう、Hは誰からも生きる道への切符をもらってはいなかった。命はおろか、生きる価値のない人間だとずっと思い込んでいたのだ。その結果があの目だったのだ。

しかし、今、私の目の前にいるHはしっかり私の目を見ている。そして彼は私にこう言った。

「先生、俺は生きてていいんですよね」

「当たり前じゃないの、もしHが死んじゃったら、私は泣いて泣いて泣いて泣いて、もう、立ち上がれないかもしれない。それでもいいの?」

「ありがとうございます。初めてです」

「……。あ、そうだ、Hってさ、私がHのこと大好きなの知ってる?」

「いえ、知りません」

「だったら、今知って！　私はHが大好きです！　息子だと思ってんのよ、観察の時もずっとそう言ってたでしょ！　聞いてなかったの？」

「はい、聞いてませんでした」

「むなしすぎ！」

するとHが初めて笑った。知り合ってからの数年間、ただの一度もHの笑顔など見たことがない。そんなHの笑顔はことのほか綺麗だった。胸が詰まる……。

「……あのね、せっかく来てくれたんだから、何か食べに行こうか？　昨日から何も食べてないんでしょ？　焼肉！　なんかどう？　私さ、Hが来てくれてほんとうれしいし……」

「海」

「え？」

「海、行きたいです」

「あー、海……ね。うん、いいよ、うん、行こう！　海！」

Hはこくんと頷き、さっさと踵を返し靴を履く。

私の住む名取市は海・山・平野と、自然が豊かな町だ。私の家から海までは車で約一五分くらいの距離にある。海に向かう車中、Hは何もしゃべらない。しゃべっていたのはも

っぱら私で、

「昨日ね、うちの犬がさ」

とか、

「うちにいる猫ね、捨て猫でもらってくれるとこがなくて、明日が最期って時に娘が泣いてね、私は犬派なんだけど、生きてるじゃん。殺せないよねー。で、負けちゃったのよ。で、結局我が家の猫になっちゃったってわけ！」

などと、あえて核心を避け、聞いているのかいないのか、無反応のH相手に独り言のように話し続け、だんだん、空しくなり、

「あのね、焼肉……、いいの？」

と、これにはやっと反応があり、

「大丈夫です」

とぽつり……。

カラ回りの言葉たちが空を泳ぎ、気まずい空気が充満する車中を救うかのように、フロントのキャンバスいっぱいに海の景色が広がった。

「着いたよ」

と、言う間もなく、Hは車を降り、海に向かう砂浜を歩いていく。

私はあわてて後を追う。波間ぎりぎりのところでHは立ち止まり、息子愛用Gパンのポケットに両手を入れ遠くを見ている。ただ遠くを見ている。眼下に広がる景色は、晴れ渡る四月の日差しを映す広大な海とその先に望む水平線だけだ。私は後ろ姿を見ていた。

過ぎること三〇分、まだHはそのままの姿勢で遠い海を見ている。怖くなった。このままHが海に吸い込まれてしまいそうで怖くなり、腰パンのジーンズのベルト通しの端っこをつまんだ。

するとHは一言、

「俺、生きます」

と、言ったのだった。

己の生きる意味を知らない少年たちの心が求めているのは、誰かに生きていること、その存在を認めてもらうこと。ただそれだけで、生きようとする力になるのだろう。

たとえ血のつながりがないとしても、引き合う絆は消えそうな命に生きるための息吹を吹き込むのだ。

# 亡骸

その日の夜、店の仕事が終わった私は、Hのことがどうしても気になり、迷惑かとは思ったものの、すぐに自宅へは戻らず、Hのアパートに行ってみた。

古いアパートの階段を上り、ドアの前に立つと、ドアの脇にある小さな擦りガラスが、あまり明るくはない電気がついていることを知らせている。

「お線香のにおいがしない?……」

不思議に思ったものの、確かにHは父親が亡くなったと言っていたことを記憶再生しつつ、ドアをノックした。が、返事がない。もう一度ノックしてみる。やはり返事がない。

そこで、ドアノブを回すと、……開いた。

そうっと……。

「すみませーん」

玄関から覗いてみると、空いたふすまの先にHが一点を見つめて正座しているのが見えた。

「いたんだ……。いいかな……」

見つめたまま、こくん、と頭を下げた。

「おじゃま、します……」

玄関から数歩でその部屋が見える。と、たどり着く前に、腰が抜けそうになった。

部屋は酒の空き缶や瓶、総菜が入っていたと思われる空きパックや電気やガスの請求書などなど、とにかくゴミだらけの中に、汚れたせんべい布団が敷かれ、父親と思われる体が横たわっている。その顔にはHが現場で汗を拭いたと思われる汚れた白いタオルが掛けられていた。その布団を前に、一点を見つめたままHがぽつん、と座っていた。

その状況に息をのんだ。そして、胸が締め付けられ、涙が込み上げた。泣いてはいけない。なぜかそう思った。Hは振り向くこともなく、汚れたタオルを見ている。

「なぜ、こんな……」心が叫ぶ。涙をこらえ、声をかけるまでにしばしの時間を要した。

何度生唾を飲んだことだろう。やっと声が出るようになり、

「おとうさん、残念だったね」

と声をかけたが、Hは無言で微動だにしない。

「H、大丈夫か？」

「………………」

「近所の人とか、大家さんとか、親戚とか、誰か来ないの？」

「警察から帰ってきて、大家さんが来てくれました。でも、帰ってもらいました。あとは自分でって……」

「そうなんだ。でもさ、このままってわけにはいかないよね。枕経は？　お通夜とか、お葬式は？」

「そんな金ないから……」

つぶやくように言うHの悲しみは計り知れないと感じた。

そうなのだ、毎日働いたHの給料は父親の酒代や光熱費に飛んで行っていた。

汚れた布団の前にはいつも父親が使っていたであろう水が入ったコップと、塩が置かれていた。

私は踵を返し、部屋を出ながら、

「ちょっと待ってなさい、持ってくるものあるから！　あ、H、ご飯食べたの？」

慌てて外に出る私の耳に、

「いらないっす」

が聞こえた。

## 亡骸とおにぎり

部屋を後にした私はあわてて自宅に戻り、すごいスピードでお湯を沸かし、白玉をこねてお団子を丸め、その間に卵おにぎりを五個つくり、キュウリの漬物をビニール袋に入れ、茶碗に山盛りのごはん、割り箸に綿を巻き、祖母のお葬式の時にいただいた白布を手に家じゅうを走り回り、次々に大きな袋に詰め込んだ。

次に、ちょっと申し訳ないとは思ったものの、私にとっては親族に匹敵するほど、こよなく愛した愛犬たちの遺影の前にある、お線香立てとお線香、おりん、蠟燭立てと蠟燭を別の袋に入れ、折り畳みの小さなテーブルと、花瓶にさしてあった花をそのまま抱え、Hのアパートに引き返した。

ドアは叩かず、先ほどの姿のまま身じろぎもしていない様子のHをよそに、亡骸の頭近

くにテーブルを置き、花を供え、

「お父さん、家にあった花でごめんなさいね。でもないよりはましですよね」

そう言いつつ、てきぱきと用意してきたものを並べて、

「お父さん、おなか空くと困るからね」

と、小さなテーブルにご飯と団子を置き、コップの水を載せ、蝋燭を立て、線香立てとおりんを並べ、

「あ、箸がないと食べれないよね」と言いつつ、Hに白布を手渡し、

「お父さんの顔にその白布かけてあげなさい」

と言い、勝手知ったる、とばかりに台所にある茶箪笥《ちゃだんす》から箸と小皿を出す。と、背中越しにやっとHが動き出す様子が感じられた。

小皿に水を入れ、回れ右、数歩で行ける部屋に戻ると、父親の顔にはきれいな白布が掛けてある。

「お父さん、綺麗な掛け布になってよかったですね。じゃお線香立てよっか」

点《とも》した蝋燭から火を貰い、二本のお線香に火をつけ、

「お線香は、二本立てるんだよ。一本はお父さんに、もう一本は自分に、ね。はい、どう

ぞ」

座布団を忘れたことを後悔しながら、席を譲るとHはきちんと言われたことを守り、二本の線香に火をつけ、ふだん使っていただろう薄汚れた布団に横たわる父親に向かい、しっかりと手を合わせる。そのたどたどしさが胸を締め付ける。次に長い線香に火をつけ、

「それから、今晩は蝋燭とこのお線香の火を絶やさないようにね。お父さんのこれから辿る道、ちゃんと照らしてあげなきゃね」

泣きたい気持ちを跳ね返すように、綿をまいた割り箸を渡すと、

「はい、これね。これに水をしみ込ませて、お父さんの口、濡らしてあげるのよ。冥途に行く時、喉、乾かないようにね」

どうしていいか分からないふうのHに、

「こうして……」

と、こわごわと口の部分だけ白布をめくると、首筋の赤紫が目に飛びこみ、衝撃を受けたものの、狼狽してはいけない、とにかくやって見せなくてはと、自分に言い聞かせ、父親の唇を濡らし、

「こうね、わかった？」

「はい……」

「そっか……。うん！　よし！」

Hはまた先ほどの場所に戻り、正座の太ももの上に両こぶしを握り締める。

ここで何とか誉め言葉でも、とは思うものの、その言葉が詰まる喉から出てこない。

困った私は、話題を変え、とにかく必要と思われる日本のしきたりに準じる話をすることにし、生唾を飲み込み、

「でね。今日はもう遅いから、枕経は明日してもらうことにして、火葬とお葬式はどうするの？」

「……」

「枕経は？」

「……」

「市役所に火葬の申請したの？」

「……」

話しかけるたびに握った拳に力が入るのが見て取れる。まだ若いHにこのようなしきたりなどわかるはずはない。そして、こんな時にさえ教えてくれたり、支えてくれる人は誰

もいないのだ。

「お母さんは？」

「男と出て行ってから、連絡先も分かりません。それに……」

「それに…、何？」

「あいつは他人だから……」

この悲しみはいったい何なんだろう。体中が泣きたい気持ちでいっぱいだ。このままHにしがみついて大声で泣きたい！　そんな衝動に駆られつつ、

「そ……っか……。でも、このままって訳にはいかないでしょ？　なら、一緒にいろいろな手続きしよっか。何しろ、こう見えても私はお葬式のエキスパートだからね」

「え？　そうなんですか？」

一瞬拳が緩んだ。

「あら、知らなかったの？　そうですよー！　って言うか、お店でご法事の仕出ししてるからね、自然に覚えちゃったの。方丈さんや葬儀社さんとも仲良くしていただいててね、だから、大丈夫！　まっかせなさい！」

Hはやっとこちらを向いてくれ、こわばっていた体が少しだけ緩み、青ざめた固い顔に

表情が出てきた。少し安心したのもつかの間、Hは私の目を凝視し、そのまま動かない。何をどうしていいのかわからないまま、私もHの顔を見ていた。

久しぶりに見たHの顔は相変わらずイケメンで、浅黒く焼けた顔は男前を際立たせている。しかし、見つめる瞳は当惑と悲しみの色をたたえ、「先生、俺、どうしたらいい？」という言葉が聞こえるようだ。

思わず、

「大丈夫だから、私に任せなさい！」

と、声を張り上げる。

「でも、ほんとに俺、金ないんです」

「分かってるって！　そんなにお金かけなくてもできる方法ってあるの！　そういうこと理解して下さる方丈さんも知ってるし、葬儀社さんにもお願いできると思う。火葬だって市民だと安いんだよ。とにかく、大丈夫だからさ、私に任せておきなさいって」

「いいんですか？　先生もう自分の保護司終わってるんですよ」

「あら、それって迷惑ってこと？」

「いや……。だって、先生、俺なんかのためにこんなことまでしてくれる義務なんかない……って……」

「義務なんか関係ないでしょ！　Hだもん。観察終わったって私にとっちゃ大事な息子だよ。知らなかったの？」

変に生真面目なHは、何とかこの言葉を理解する努力をしている様子が伺われる。そうなのだ、Hは保護観察中、本当に手のかからない少年だった。いつもしっかりしていて、生活も仕事も、観察も、約束も、気持ちが揺るがないきちんとした少年で、この少年が非行を犯したなどとはとても思えないほどだった。

そのHが喧嘩をしたり、死のうと思ったということなど、まったく考えられない。それほど、Hのこれまでの長くはない人生に耐え続けた悲しみが、どれほどのものかと思わずにはいられない。私は、こんな人生があるのか、この子はなぜこんな目に合わねばならないのか、と、Hをこんな目に合わせている神様を恨まずにはいられない、そんな気持ちに襲われていた。

しかし、目の前にいるHは私に「生きる」と、約束した。そして今、悲しみと当惑の中をさまよっているのだ。こんな時には、と、

「あ、そうだ、お腹すいてるでしょ？　あれから何も食べてないんじゃないの？」

「いや、腹減ってないです」

「そんなはずないよ。あれからもう二日になるでしょ。あのね、腹が減っては戦はできぬ！　って言うでしょ！　ほら、特製おにぎり作ってきたから、一緒に食べよ！　ね！　これからいろいろしなきゃならないことあるんだからさ、Hがしっかりしなきゃダメなんだよ！　Hは男なんだから、ご飯食べて、お父さんのことちゃんとしてあげなきゃ！」

亡骸が狭い部屋をさらに狭くし、その端っこの畳一畳に二人で向き合い、Hにおにぎりを渡すと、噛みついた歯形の残るおにぎりを見つめながらぽつり、と
「うまい……っす……」

というHに、

「ほら、特製キュウリの辛子漬けもあるよ！」

手渡そうとした手が止まった。Hが見つめているおにぎりの噛みあとに、ぽつぽつと落ちているものがある。Hの涙だった。初めてHの素顔に出会えた気がした。

「はい、キュウリ」

気づかないふりをして、キュウリを渡す。こくん、と頭を下げ、受け取るH。Hは片手におにぎり、片手にキュウリを持ち、それを見ながら泣いている。思わず頭をなでていた。

「Hはえらいね。いつもすごく頑張ってるもん。私はそんなHが大好きだからね」

また、こくん、と頭を下げる。我慢していた涙が溢れ出す。向き合うHがけなげ過ぎてもう涙をこらえることができなかった。

二人で無言で泣いた。我慢しているより、泣いたほうが楽だった。Hとのこれまでを思い泣いた。昨日の海での出来事が思い出され、今のこの寂しすぎる現状に泣き、とにかく思いっきり泣いた。

ひとしきり泣くと、少しすっきりし、

「あー、いっぱい泣いたらすっきりした！　もう、いいや。泣くとお腹すくんだよね。ご飯食べよ。ほら、Hももういいから、ご飯食べよ、ね」

つけていた前掛けでHの涙を拭き、涙でぬれたおにぎりを、新しいおにぎりに持ち替えさせ、私は詰まるのどに押し込むようにおにぎりを頬ばる。Hもこくりと頷き、おにぎりを食べだした。

「このキュウリ、うまく漬かったみたいだ、美味しいね」

にこりと笑いかけると、

「はい、おいしいです」

と、Hの顔がやっとほころんだ。

「たくさんあるから、いっぱい食べなさい。明日は忙しいよー。覚悟しといてね」

「はい」

「そうだ、明日休むって会社に電話したの？」

「はい。しました」

「理由は？」

「体調不良……」

「そっか……」

「はい」

「まあ、体調不良っていやーそうだよね。心はもう大丈夫そうだから、心配なさそうだけどさ、アハハ」

「はい」

少しずつ、緊張がほぐれてきたようだ。

Hはおにぎりを三個も食べた。キュウリの漬物は持ってきた分全部食べた。ほっと胸をなでおろした。落ち着いたところで、私は帰ることにした。

「そろそろ帰るね、で、明日さ、朝一番に市役所に電話しなきゃね。たぶん分からないと思うから、明日八時にまた来るね」

「いいんですか？　先生、仕事あるんじゃ……」

「だいじょーぶよー。ちょうど明日は仕事、夜だからさ。日中は時間貰えるから。それにHのかあちゃんとしては最後までしっかりやらないとね」

「すいません……」

「なんの、なんの。それじゃね、また明日！」

玄関まで一緒に来ると、Hは
「先生、ありがとうございます……。ほんと……」

と、丁寧に丁寧にお辞儀をする。

「はい！」

と声を張る私に、

「よろしくお願いします！」

と、深々と頭を下げるHがいた。

時計の針は午前三時を過ぎていた。

# 二人だけのお葬式

思いっきり泣いたこともあり、帰る車中は、すっきりしていた。お陰で、頭の中は次にしなければならないことを考えるに十分だった。

翌朝、主人と子供たちを送り出してから、すぐに知り合いの方丈さんに事情を話し、枕経をお願いすると、快くご承諾下さり、八時四五分にお迎えに行くことにした。

白玉団子と一緒に作った三人分のお弁当を持ち、八時にHのアパートに行き、手持ちの味噌汁をあたため、白玉とお弁当の一つを父親に備え、二人で朝ご飯を食べた。

八時半になるとすぐに市役所に電話し、火葬の申し込みをする。幸いなことに、この日の一二時の火葬が可能だという。あわてて知り合いの葬儀社に遺体を運んでもらうことにし、方丈さんに火葬と帰ってからの法要をお願いした。

方丈さんも葬儀社さんもさすがプロである。すべてが時間通りに行われ、その日の午後三時にはある意味滞りなく、遺骨を自宅に運び、父親の葬儀の一切が終わっていた。ただ、参列者はHと私の二人だけだった。これまで、たくさんの葬儀に立ち会ってきた私だが、さすがに二人だけという葬儀は経験がない。こんな末路もあるんだと、思わずにはいられなかった。

お墓を設けることもできないため、しばらくの間お骨は自宅のアパートに置くことにし、途中で買った助六のお弁当を渡し、

「また、夜来るから。ちゃんとご飯食べときなさいね」

そう言い残し、私はあわてて仕事に向かった。

はやる気持ちを抑えつつ、何もなかったように仕事をした。いや、気が張っていたせいか、いつもよりしっかり仕事ができたように思う。仕事が終わると、その足でまたHのアパートに向かった。

Hのアパートの前につくと、夜のとばりに包まれた湿った空気の中にお線香のにおいがする。Hはちゃんとお線香を絶やさず立てている様子が伺えた。「よしよし」とばかりに、

「H、来たよー」

と、玄関のドアを開けた。すると、昨日訪ねた時と同じようにHが布団の前に座っている。

汚れた父親の布団はそのまま敷かれ、その上に骨壺がちょこんと乗せられている。敷かれた布団の亡骸の頭だったところには、助六弁当が備えてあり、そのほかは今朝のままだ。少しすっきりしたはずだった胸がまた苦しくなる。

遺骨はここに、と、葬儀屋さんが特別にくれた台の上に載っていたはずだった。しかし、敷きっぱなしの布団に小さな骨壺がちょこんと乗せられ、その前にHは正座していた。

「寝かせてやろう」Hはそう思ったに違いない。これがHの弔いなのだとその時思った。これが、Hの父親への最後の親孝行なのだろう、と。その情景は今も忘れることができない。

私は、静かに中に入り、お線香を立てて、しばらくの時間Hと一緒にいることにした。お茶を入れ、持参したお弁当を食べながら、他愛のない話をひねり出した。黙って食べているHに、「おいしい？　今日ね、これ作ったら、お客の皆さん喜んでくれてね」などと、何を話していいのかわからず、まったく関係のない話をしたりした。

面白おかしく話す私の話に、Hは少しだけ笑いながら受け答えてくれていた。話が途切れると、重い空気と静けさに包まれる。と、無駄かもしれないとは思ったものの、一つくらいはいい思い出があるのではないかと、いや、せめていい思い出を残してあげたいと、思い切って聞いてみた。

「お父さんの想い出って何かある？　楽しいこともあったでしょ？」

「……ないです……」

失敗。案の定の答えだった。いたたまれなくなった私は、取りつくろうように、遺骨に向かい、

「お父さん、あのね、こうは言っていますが、Hは本当にいい子ですよ。仕事だって、生活だっていつも頑張っていて、とっても立派なんです。私はたくさんの子供たちを見てますけど、Hほどいい子は見たことがありません。お父さん、あんまりいい思い出はないようですが、とにかく！　Hをいい子に育ててくれてありがとうございました！　私はHに会えたこと、とっても感謝してますから。ほんとに感謝してますから！　あのですね、分かっていると思いますが、ここ数日も、お父さんのためにHは本当に頑張ってましたよね」

言いながら涙が止まらなくなった。

「だから、お父さん……。どうか、これから先、Hが幸せになれるように助けてあげてください ね！　これまでこんなに苦労させたんだから……、必ず幸せになれるように、その

何倍も幸せにならなきゃうそでしょ！　ね、だから、必ず助けてあげてくださいね！　幸せになれるようにですよ！　本当によろしくお願いしますね！　約束ですよ！　お願いしますね！」

ふり絞った声がひっくり返る。しかし、言わずにはいられなかった。

隣に座ったHはただ静かに聞いていた。「無理に決まってる」そう思っていたのかもしれない。

そうしているうちに夜は刻々と更けていき、夜中の十二時を過ぎたので、私は家に帰ることにした。外まで見送ってくれるHは、かなり落ち着いたように見えた。

「明日、また来るからね。一人で大丈夫？」

「はい、大丈夫です。先生、ほんと、ありがとうございました。借りたお金は必ず返します」

深々と頭を下げる。

「あら、いいのよ。少しだけど、お香典だから。それに皆さんボランティア状態でやって下さったから、返してもらうほどお金はかかってないの。それより、何とか終われてよかったよね。Hは立派だったよ。かあちゃんはうれしいっす！　ご苦労さん！」

少しだけ笑った表情を見せながら、またHは頭を下げた。降り出した雨がHの肩を濡らす。

「はいはい、もう頭下げなくていいから……。送ってくれてありがとね。ほら、濡れるから中に入りなさい」

「いや、大丈夫です。先生、体無理させちゃって……。すいません……。大事にしてください。ありがとうございました」

「何言ってんだか、そんなに言われたらこっちが申し訳なくなっちゃうじゃん。たいしたことしてないんだもん。あんま十分なことしてあげられなくて、かえって、ごめんね。でも、そう言ってもらえたら嬉しいかな。Hはほんといい子だよね、ありがと。ほんじゃ！　こうなったら！　めんこ、めんこだな！」

逃げると思った。いや、それを少し期待した。しかし、驚くことにHは私の前に頭を突き出した。担当した多くの少年たちの中で、頭をなでて喜ぶ子は結構いたものの、Hはその隙を見せたことがない。頭をなでるどころか、指切りさえも、やっとの状態の少年だった。

そのHが突き出した頭を見て、やっと、心を許してくれたのだと思った。誰一人受け入れず、閉ざした心の扉が今やっと開いたのだと、思った。

そしてこの子がこうして心許す人がこれから何人現れるのだろう。一人でも多くの人がこの子の心の扉を開いてあげてほしい、と願わずにはいられない。

とにもかくにも、こうして、とんとんと、というかバタバタと数日のお葬式が終わったのだった。


翌朝は、よく晴れた空が広がっていた。新聞を取りに外にでると、玄関に一昨日Hのアパートに私が持参した一切が置かれていた。茶碗やそのほかのものはすべて綺麗に洗ってあり、香炉の灰はしっかりふるいにかけてある。

「え？」

と、覗いた紙袋の外に、

「先生、お世話になりました。本当にありがとうございました」

と、走り書きがしてあった。

仕事前にHのアパート部屋を訪ね、カギのかかっていないドアを開けると、敷いてあった布団はきちんとたたまれ、父親の遺骨はなく、部屋はすっかり片付いており、人気のない様子が漂っていた。

その日からHは姿を見せなくなった。ただ、遺骨と一緒にどこかで生きているのだろう。幸せになるその日のために……。

私はいつかまた会える日を待つことにしよう、と思った。

いつの日か本当の愛を見つけ、必ず、幸せになってくれると、そう信じて……。

## きっと……

保護司の委嘱を受けてから、いろいろなケースに出会ってきた。そのほとんどがいい方向で観察を終えることができている。

観察が終わったら、追従はしないのが規定だが、Hのように、保護観察後にかかわるケースも少なくない。また、Hのように、担当中や終了後に関わったものの、私のもとから消えてしまうケースもある。

そんな時は、ただただ自身の力のなさを思い知らされる。

だが、私という人間は立ち直りも早い、というより、その彼らが、立ち直るチャンスをもたらしてくれることが多いことも事実である。

この時も私はMのことを思っていた。そして、きっとHもMのように愛を知り、幸せを掴み、いつか満面の笑顔を携え、私のもとを訪ねてくれるだろう、そう信じて疑わない私がいることに、寸分も疑いの余地はない。

## 桜 咲いたから

今年も桜の季節がやってきた。この季節になるといつも思い出すことがある。

それは、いつも私の心の片隅に引っかかり続けていたKのことだ。

Kは少年院出院後に保護観察で私の所に来た。毎回の面接には来るのだが、結局、何の進展もないまま観察期間を終えた少年だった。

ある桜咲く季節の午後、玄関のチャイムが鳴った。

「はい。どちら様ですか?」

インターホーン越しに対応するが返答がない。まさかピンポンダッシュということはないだろう。保護司になってからこのかた、以前何度かあったピンポンダッシュは皆無になっていた。

不思議に思ったが、「訪問販売かな?」と、そのままにして、昼食の後片付けに台所に行こうとすると、また、チャイムが鳴る。

「いったい、何なの?」と、今度は玄関から顔を出してみた。すると、門の前に一人の青年が立っていた。三年前に後味の悪さを残したまま観察終了したKだった。

「あらぁ、K、久しぶりじゃないのー。どうしたの? 入って、入って!」

だが、Kは門から入ろうとしない。不思議に思い、門のところに行った。

「K、元気? どうしたの? 入りなよ」

すると、Kはこう答えた。

「桜、咲いたから、来た」

「へ?」

「約束守りに……」

朴訥とした物言いは以前のままである。私は事態が把握できないまま、何とかその場を

取りつくろうように、

「あー、そっかー、桜咲いたから来てくれたのかー。桜見て私のこと思い出してくれるなんて、やっぱ、私って花のイメージなんだなー。いやー、何かうれしーさー」

Kは呆れ笑いの顔で、

「相変わらずだな」

「はい！　変わりようがありません。で？」

Kは何も答えず、全く家に入ろうとする気配がない。そこで、

「あー、そうだ！　桜が咲いたんだもん、一緒に桜、見にいこう！　ね！」

こうして、Kと私は家の近くにある自然公園に桜の花を見に行くことにしたのだった。

その自然公園は四季折々の自然が楽しめ、その中でもこの季節は桜が見事で、毎年この季節になると愛犬の散歩がことのほか楽しみになるほどの美しさを誇り、私と愛犬の贅沢気分を謳歌できる最高の場所である。

この年もやはり桜は美しく、咲き誇る桜と、その下に散り始めた花びらに、その色を際立たせ咲くスミレとの競演が美しすぎて、この季節ならではの泣きたいほどの感動を私にプレゼントしてくれていた。

「うわー、綺麗ー、何回来ても感動するー。生きてて良かったー。ね、そう思わない？」

この自然がくれた見事な美しさのコントラストに我を忘れての感動の私、その隣でKは、

「先生、約束、覚えてっか？」

「えっ？　約束？　覚えてるよ。そうだなぁ、いっぱいしたからなー、どの約束かな？」

「手紙だよ。俺が少年院に入ってたとき何回も手紙くれたろ、そん時さ、こんなこと書いてあったんだ。今年も桜の季節が来たよ、来年はいっしょに見ようね、約束！　って」

「えー、そんなこと覚えててくれたんだー、なおさら感動！　でもさ、あれからもう三年経ってるんだよ、よく覚えてたね。凄い！」

「俺さ、保護観終わってからすぐ、親父の金盗んで、母ちゃん探しに行ったんだ。だけどさ、そんなもん会える訳ねーよなー。だいたいさ、居場所も名字だって分かんねー、顔も分かんねえのに無理だよな。でもさ、俺、馬鹿だから、母ちゃんに会ってみたくってさ、俺が生まれたらしい場所に行ってみたんだ」

「私はそういう馬鹿が大好きです！」

すかさずそう言った。

Kは産まれてすぐ、母親に棄てられた。たったの一度も抱いてもらったことがない。病

院でみんなおっぱいを貰う時に、Ｋは看護師さんに哺乳瓶でミルクを飲ませてもらっていたそうだ。そのことを思うと胸が詰まった。

「でも、やっぱ、無理でさ、金なくなったから家に帰ったんだ。そしたら、親父に三行《みくだり》半《はん》だよ。ま、しょうがねえけどさ」

「そっかー」

「んで、家、出てけってことになって、住み込み探して家出たんだ。そん時さ、あんまねえ俺の荷物にさ、先生の手紙入ってて、住み込み先でそれ読んで、決めたんだ。約束守ろうってさ」

うん、うん、とただ頷いていた。

私はかつてＫがこんなに話す場面に会ったことがない。それ以上に、Ｋの寂しさが悲しかった。子供の頃はもちろんのこと、少年院在院中、Ｋは一度も面会をしてもらったことがない。

父親に何度も何度も頼み込んだのだが、「分かりました」と言うだけで、一度も面会に行ってはくれなかった。面会に行ったのはたった一人、この私だけだ。

面会の時のことはよく覚えている。Ｋは面会の間、終始ニヤニヤしていた。その時私は、何か馬鹿にされているように感じていたことを覚えている。だが、その後にKから来た手紙で、その真意を知り、自分が恥ずかしく、Kが不憫で泣いたことを思い出していた。

Kは、手紙の最後にこう書いていた。

「先生、面会に来てくれて有難うございます。他の院生には時々面会や手紙がくるのですが、自分には誰も面会者はなく、手紙も来ないので、先生が来てくれて本当に嬉しかったです」

だから、ニヤニヤしていたのだ。Kは私と同じで単純だから、嬉しさが抑えきれず、つい顔が綻《ほころ》んでしまっていたのだった。

その時でさえ、Kは「はい」と、「頑張ります」そして「ありがとうございました」しか言わなかった。観察中も、必要事項を簡潔に短文で答えていたのだった。

そのKが発するこの長文は私にとって大きな驚きだった。その上、観察が終わって三年も過ぎているというのに、「約束を守ろう」とここに来てくれたKの気持が殊のほか嬉しく、二人で見上げる桜がいつもよりずっと綺麗で綺麗でたまらなかった。

# 卒業証書

「そう言えば先生、先月、誕生日だったよね」

しばしの桜観賞後、Kが言う。

「あ、うん、そうだよ。お陰様で歳、取ってまーす」

フッと笑い、Kは、

「はい。プレゼント」

と、バックの中から何やら賞状入れのようなものを差し出す。

「何？　かな？」

てっきり何かの資格取得の証書だろうと思っていた私だった。開いてみると、

「卒業証書」と書いてある。その脇にKの名前、そして、その脇には、「……高等学校」

とある。驚いてKの顔と卒業証書を交互に見ていた。

「俺、あの後、高校に入りなおしたんだ。定時制だけどね。あの時さ、先生言ったろ、お

前は頭いいんだから高校に行かないのはもったいない。誰かと比べることなんてないんだ、Kは Kの人生のウイナーになれ！　って」

そうだ、KはＩＱがかなり高かった。それなのに非行で高校を中退した。面接の時、「もう、学校はいいから仕事をする」とKが言い、「この仕事がしたい」と言うので求人を探した。すると、Kが就労したいといったその職業のすべてに、高卒以上の条件がついており、その時に私が言った言葉だった。

結局Kのしたいと言った仕事はできず、それからというもの仕事もせずにふらふらのプータロー生活のまま二〇歳の誕生日一日前に、責任を感じつつ観察を終了したのだった。卒業証書の文字が涙で見えない。その横に書いてあるKの名前も、高校の名前も見えない。ただ、見えない卒業証書を見ていた。

Kは、「ほれ、相変わらずだな」

と、言い、何やら東京の百貨店の包み紙を卒業証書の上に差し出した。包みを開けてみると、そこには桜色の立派なハンカチが入っていた。

「早く涙拭けよ。皆、見てんだろ」

「うん。でもいいの？　こんなに立派なハンカチ、もったいないよ」

「いいんだ。俺さ、今、このデパートに勤めてんだ。これは俺の初給料で買ったの。給料もらったら一番に先生にこれ買おうって……、俺、頑張ったんだ」

もう、止めることなどできない嬉し涙が込み上げた。

「かあちゃん　うれしいよ」

嬉し涙にひとしきり泣き、落ち着いた私はKの父親のことを思った。

「K、お父さんとはどうなってるの？」

「ああ、このあと家に行くよ」

「そう、良かった。って、ことは、東京からまっすぐ私のとこに来てくれたの？」

「当然！」

また、泣けた。Kは勝手にしろと言わんばかりにそ知らぬ顔で遠くの桜を見ている。

「ごめんね、でも、ほんと、ありがとね」

「あ、俺さ、彼女できたんだ」

「おー！　そっかー、そっかー。でもさ、女性は心だよ！　心！　Kさ、面食いだったじゃん。でもさ、そりゃ、顔がいいに越したことはないけどさ、私はー、Kをー、ほんとに思ってくれる人がいいなー」

「泣いたり笑ったり説教したり、相変わらずいっそがしーなー。でも、あいつは大丈夫だ。あいつとは定時制で一緒だったんだ。あいつも母ちゃんいねぇんだ。虐待？　みてーだった。だから俺と一緒で家出てさ、働きながら学校、通ってたんだ。チャラチャラしてねぇよ。でも、綺麗なんだ」

「そ、ご馳走様。あー！　ひょっとして、綺麗ってことは私に似てたりする？」

（これについては完全に無視された。かなりバツが悪い）

「あいつも先生に会いたいって言ってた。今度、連れて来る」

「うん、うん。楽しみにしてるよ。後はお母さんに会えたらいいね。きっとこんなに立派なKを見たら鼻高々だよね。」

「かあちゃんはもういいんだ。俺には先生いっから。それでいいんだ。だからさ、長生きしてくれよ。やせっこけて、さっぱり太んねぇじゃねーか。ちゃんと寝ろよ。無理ばっかして、大丈夫かって、いっつも心配してんのはこっちなんだって」

驚いてKを見た。見事に咲き誇る桜をバックにしたイケ面のKの柔らかな瞳に涙が浮かんでいる。その光景はかつて見たことがないほどの美しい絵画を見ているようだった。

また、また、泣けた。そして、こう言っていた。

「K、いっぱいいいっぱいありがとうね。私は幸せもんだ。かあちゃん、うれしいよ」

誰にでも心の故郷がある。それは人生という旅に疲れた旅人の心を癒し、また明日に奮起するための心の拠り所である。どんなに頑強な心を持っていたとしても、時にはその羽を休めたくなる。そこにはたった一つ、たった一つの故郷があればいい。

心寂しい旅人のたった一つの心の故郷、それは君を想うお母さんなのかもしれない。

帰りしなKは、後ろを向いたその背中でこう言ったのだった。

「俺さ、いまさらだけど、生まれて来て良かった」

## 報道

私には不思議な出来事が多い。その一つに出版した本がドラマの原作になるという、ある意味、奇跡的ともいえる出来事があげられる。

一般通念からいえば、この世界に何万人、何十万人とその才能を発揮できず涙を飲んでいる作家の卵と称される逸材がいるというのに、その辺にいる書き物好きのおばさんが自費出版でもなく本が出版できるということでさえ、晴天の霹靂《へきれき》といえるほどありえないことかもしれない。

その上、こともあろうにその本がドラマの原作になるなどとは、奇跡としか言いようがない。だが、私にはその奇跡が二度も訪れた。その奇跡をもたらした奇人とも言える逸材はCBCの堀場正仁プロデューサーだった。

彼との出会いは、二〇〇五年一二月二五日、朝日新聞の新人記者・千葉卓朗氏が私を「ひと」という欄に取り上げた記事がきっかけだった。その記事を読んだ堀場プロデューサーから電話がきたのは一月の初旬だった。

当時、私は取材を受けない方針でいたのだが、二〇〇四年、たまたま知り合った新人の千葉記者と意気投合、彼の憎めない人柄と、ひょっこり我が家に現れては他愛のない話や、記事の話をしていく彼がまるで以前からの仲良しのようになり、次第に息子のような存在になっていた。

二〇〇一年十一月、保護司の委嘱を受け、翌十二月から東北地方にある三つの少年院に向けてDJ放送を送り、その後一カ月に一度、一時間の番組を送り続けているのだが、その記者はDJに託す私の想いにいたく共感し、次第に私のよき理解者になってくれていった。そして記者二年目の十二月二五日、彼は私の記事を掲載したのだった。

その記事を読み、私にアクセスしてくる彼はかなりの冒険家と察する所だが、堀場プロデューサーからの電話に対する私の態度はひときわ無礼だったたと思う。

だいたい、取材のために私はDJや保護司をしている訳ではなく、ただ対象者の更生と、少年院の少年たちの力になりたい一心からの行為である。何が嬉しくて取材など受けなければならないのか、と、度々依頼のある取材には全く取り合わず、それでも食い下がる報道関係者にはけんもほろろの対応だったに違いない。

その無礼さにもめげず、堀場プロデューサーは強行突破ともいえる無謀さで、電話から一週間後、我が家を訪れたのだった。

彼は、「取材ではなく、ただ話を聞くだけだ」と言っていた。

初対面の彼は、報道関係者というカラーを感じさせない温厚なイメージだった。茶呑み話をしているような話しぶりから、特段何をしにきたのかも定かではないといった感じだったが、私が作家志望だということ、保護司委嘱からの印象的な出来事を少しずつ書きためており、後々出版を考えていることなどを話す流れになり、次第に話はドラマ制作という方向に進んで行った。そう、彼はドラマの制作プロデューサーだったのだ。

私は人生とはそれぞれの持つドラマだと思っている。そのドラマの主人公として人はその人生を生きるのだ。

だが、保護司としての活動を続けているうちに、今まで私の知らない世界の多いことに驚くばかりだった。その未知の世界に足を踏み入れた私は、その現実を書きとめずにはいられなかった。

事実は小説より奇なり。正にそのもの。小説などの比ではない事実、現実が目の前に展開し、それらに遭遇する度に言いようのないやるせなさや無力感に襲われ、書きとめることで反復し解決法を探った。

また、感動の場面ではその気持ちを忘れたくはなかったし、そのドラマの結末がハッピーエンドになるプロセスにどのような関わりをもてるかで、ある意味至福という自己満足を味わえる。

ドラマには多くの人が関わる、その関わりがドラマをドラマたるものにするのだと思う。そこには悲劇や感動が同居する。人はいつも、それぞれのドラマの中を生きているのだ。だからドラマを制作するといわれてもあまりピンとはこなかった。普段からいろいろなドラマの連続に遭遇していた。すでに特別なことだとは思えないのだ。

彼はその中のいくつかを取り上げたいとのことだった。だが、私はＹＥＳとは言わなかった。

しかし、この時に報道の力を思い知らされた。一度何かで取り上げられると、こうして次がやってくる。この後も、本人の意志を置き去りに、取材の依頼は休む暇もなくくるのだった。

## ガラスの牙

その後、堀場プロデューサーは時折連絡をくれた。彼は決して押し付けがましいことをするでもなく、その柔らかい言葉の抑揚はすんなりと心に収まり、徐々に親しい友人のようになっていった。

そうこうして約二年が経過したころ、私は新たな野心に目覚めていた。

不幸にして非行や犯罪に陥ってしまった少年たちが更生すべく少年院という施設で矯正教育を受けるのだが、更生の意思があるにもかかわらず、仮退院が決まっていても帰る家や場所がない少年たちが施設の空きを待っていることを知り、私はそのような「少年たちの帰る家」を作りたいと思っていた。それが「ロージーベル」構想である。

家族という形を知らない、愛も知らない少年たちのために、あたたかく彼らを迎える家を作りたいと強く思っていた。その無謀ともいえる野心に共感してくれたのが、堀場プロデューサーだったのである。

非行少年を取り巻く現状や私たち大人が何をすべきか、を伝えると同時にロージーベル設立への足がかりになるドラマを作ろうということになり、私たちの想いに強く共感してくださった金子成人氏に脚本を依頼、二〇〇七年一〇月にスペシャルドラマ『ガラスの牙』がオンエア、その原作になった著書『この想いを伝えて……』が出版される運びとなった。

この『ガラスの牙』はこの年の民間放送連盟のドラマ部門で優秀賞を受賞した。

堀場プロデューサーを軸とし、脚本家や出演者はもちろんのことスタッフ一丸となり想いを伝えようとの意欲への受賞だったと思う。

これを期に二〇〇九年次作となる『君の笑顔に会いたくて』を出版、プロデューサーの強い熱意が功を奏し、私の著書二冊を原作としたドラマ『ガラスの牙』第二弾が二〇一〇年三月全国に向けオンエアされたのだった。

## 手紙

このドラマのオンエアは、様々な物議を醸《かも》したといっても過言ではない。その最たるものが、被害者との出会いだった。
ドラマのオンエアから数週間後、一通の手紙とともに一冊の本が私のもとに送られてきた。その手紙には、
～被害者のご両親が書かれた本です。是非お読みいただき、ご感想をお聞かせ下さい～
とのメッセージが同封されていた。

その本は、犯罪被害者のご両親が、亡き愛娘のために何かできないかとの思いから書かれたもので、事件の全容が事細かに記され、加害者やその家族の情報入手の手段や、やり取り、裁判の様子、法改正、そして被害者家族の苦悩と揺れる思いなどその全容が記されていた。

不肖私は、犯罪被害者の会が仙台に設立されたと同時に、賛助会員として入会した。それは保護司だからという理由ではなく、一人の人間として純粋に残されたご家族が少しでも平穏であって欲しいと願っていたからのことだった。

もちろん、被害者の著書はかなり読ませていただいていた。しかし、この著書は未読のものだった。その本が送られてきたのである。

「でも、なぜ？」そう思いながらも私は、早速著書を読み始めた。

事件は二〇〇〇年一二月、少年を含む男女八人が二〇歳の女性を暴力団事務所などに六日間にわたり監禁、悲惨を極める暴行を加えて殺害。その後発覚を恐れ、遺体を布団で包み、山林まで運び灯油をかけて焼いたというものだった。

「アルバイト女性殺人事件」として世の中を震撼させた事件で、その残忍さは想像を絶するものだった。著書は当初父親が書いていたのだが、志半ばで病に倒れ急逝、その後を母親がまとめて出版されたとのことだった。

「亡き娘にもう一度会いたい」との一念から「真実を求めて戦った1533日」を綴ったものだった。

著書には事件の全容が克明に書いてある。あたかもその恐怖の軌跡を辿ることで、その時々を愛娘と共有するかのようだ。

その後、被害者家族への受刑者からの手紙やご両親が起こした訴訟、異例とも言える刑務所での加害者との対面や家族の苦悩などが記されており、平常心ではいられないほどの衝撃だった。

読み進むにつれ、あまりの悲惨さに身体が震え、涙が止まらない。だがもはや途中でやめることなど不可能になっていた。私はどんどんのめり込み、ついにあとがきに辿り着いた時、この著書を送ってきた主に怒りを覚えていた。

「なぜ、私にこのような著書を送ってきたのか、何が感想をお聞かせ下さいだ！　いったい私に何が言いたいのか？」無性に腹が立った。

あまりにも辛すぎて悲しすぎて、誰かを槍玉にあげなければ気が収まらない状況に陥り、私は著書の送り主に電話していた。

# 保護司は加害者側？

電話はすぐに通じた。送り主は、被害者のご夫妻と一緒にこの著書を完成させた人物だった。

「なぜ、この本を送ってきたんですか？」

「はい、先日のニュースやドラマを拝見して、先生に是非お読みいただきたいと思いまして……」

「だから、なぜ私に送ったのかを聞いています。ドラマが気に入らなかったのですか？」

「そうじゃありません、ただ、この類いの本は主に被害者の方々ばかりが読んでいるので、加害者側の保護司の方が読んだらどんな感想を持つのかと思いまして……」

こんな思いをした上に……。頭を金槌で殴られ、心を火掻き棒でかき回されているような気持ちになり、

「加害者側？　保護司は加害者側と言うことですか？」

「あ、いや……。でも、加害者を擁護するのが保護司ですよね」

「あなたは、何も知らない。もっと勉強すべきです。保護司は加害者擁護なんかじゃありません。被害者を出さないように、罪を犯した人々の更生に助力するんです。犯罪の抑止に努めてるんです。

私は殺人事件の対象者は持ったことはないけど、もし、被害者がいれば、更生した暁には一緒に謝りに行くんです。

本当に反省し、二度と過ちを犯さないように、悲しい事件を起こさないようにって。一緒にその罪を背負って、心からの謝罪を伝えに行くんです。それが私です。保護司としての私です。それが加害者擁護で加害者側の人間なんですか？　心を伝えたくて……、頑張ってるんです。それなのに……」

言いながら泣いていた。悔しくて、悲しくて泣かずにはいられない。被害者の女性が不憫で痛ましくて、ご家族の気持ちがわかるような気がして、もういっぱいいっぱいだった。

「そうなんですか……。すみません。加害者側だなんて言って、すみませんでした」

「もういいです。あなたは本の制作をする人とは思えない。きちんと双方の理解を深めてから向き合うべきじゃないんですか？　失礼な人。すごく傷つきました。今私がやっていることがまるで犯罪のような言い方で……。失礼じゃないですか。不勉強過ぎます」

「そうですね、本当にすみませんでした」

思い任せに、責め続けた。

しかし、彼が本当に私の言ったことを理解したのかどうかは定かではない。

そしてこの時初めて社会通念としての理解は、保護司は加害者側だという現実を突きつけられたのだった。

## 来ないで下さい

その後、私は著書の作者である母親に手紙を書いた。書かずにはいられなかった。その末尾に「是非、お話がしたい」と綴った。その手紙のメッセンジャーをしてくれたのは気の毒な著書の送り主だった。

母親からは連絡がなかったが、送り主から連絡があり電話でなら話せるという回答と、母親の電話番号が知らされた。

待っていた。何を話せばいいのかわからなかったが、とにかく待っていた私は、彼との通話を終え、受話器を置くと早速電話していた。

私は加害者ではないのだが、なぜか胸が高鳴る。きっと彼女は私を加害者擁護の不届きな人間だと思っているに違いない。

いや、それよりも愛娘をあのような殺され方をしたその想像を絶する心の傷を持つ彼女にどう向き合えばいいのかまるで考えすら及ばない中、私はダイヤルを回す。その右手は不思議なほど冷たく、震え、左手でその手を押さえながらの作業だった。

呼び鈴が五回の所で女性の声が聞こえた。考えなしのとっさの電話に、お座なりの挨拶から始めた私だったが、受話器からは少しの戸惑いと大いなる迷惑が伺えるような様子の声が対応したのだが、次第に打ち解けて行く感があり、徐々に話は核心へと移っていった。

彼女は私の活動のことも含め、すでに私のことを知っており、被害者家族の苦悩の日々を切々と話してくれた。

「分かります」などとは言えない。壮絶極まりない。腹立たしさが体中に戦慄を走らせる。その中、ただ私は彼女の話を聞き、「何て言ったらいいのか……」などを繰り返していたように思う。

そんな中、察しのいい彼女から私の活動についての質問があった。

私はどのような成り行きで、どのように考え、今のような活動をしているのか、その経緯と、非行少年の現状、そして、何より被害者を生まないための更生に向けて力を注いでいること、それが保護司だということを話した。

すると彼女の答えはこうだった。

「あなたの言うことは理解できますし、私も非行からの更生には賛成です。今回の加害者にだって是非更生してもらいたいと、頭では思っているんです。あなたのやろうとしていることも分かるし立派だと思います。

でもね、どんなに加害者が更生しても娘は帰って来ないの。家族もばらばらになってしまって、毎日がすごく辛いの。

だから、加害者には自力で更生してほしいと思ってます。あんなことしたんだから、人の手を借りないで自力で更生してほしいって思います」

全くその通りなのだと思う。しかし、それができていれば再非行や、ましてや殺人など恐ろしいことをすることはないのだ。だからこそ、手を携えて更生の道を歩ませなければならないと私は答えた。

「甘いと思います」

ときっぱり言い切る彼女に、

「そうですね、でもそれが現実です。一人では更生できない人が加害者には多いんです。だから」

と、私をさえぎるように彼女は、

「私はその家族全員に罪を償ってほしいと思ってます。誰の力も借りないで自力でです。私たち家族をこんなふうにしたんだから……。なぜ私たちだけがこんな目に合わなきゃいけないんですか？　うちの娘が何をしたって言うんですか？　焼けた亡骸に、一月に着るはずだった成人式の振り袖を着せたんです。娘は成人式にその着物を着るのを凄く凄く楽しみにしてたのに……。そういう私の気持ち、あなたに分かりますか？　あなたのやっていることは立派なんだと思います。だけど私はまだそこまで考えられない、考えなきゃいけないのかもしれないけど考えられないんです」

もう、返す言葉がない。立派なことをしている訳でもない。ただ、彼女のその苦悩は想像すら及ばない所にある。ただ一緒に泣いていた。

「本当に何て言ったらいいのか、もし、何かあればいつでもお話はお聞きします。だから、あなたには生きてほしいと……」

という言葉が口をついた。すると、

「だから辛いんです。娘がいないのに私は生きなきゃならない。いっそ死んでしまったほうが楽だっていつも思います。どうやって生きていればいいのかもまだ分からない。生きなきゃならないから、それが辛いんです」

ショックの連続だった。もはや私の考えを理解してほしいなどとは言えない状況のまま、通話はすでに一時間を過ぎ、納得のいくはずのない堂々巡りの中、今度会う、という約束で終わるはずだった。

だが、私は最後に
「もしよろしければ、今度、娘さんのお墓参りをさせていただきたいので、どこのお寺さんか教えていただけますか?」

と訊ねた。すると、

「お墓参りは、今はお断りします。家にも来ないで下さい。仏壇があるから……。その時が来たらお願いしますから、今はお断りします」

許されない。被害者の方には、私の活動は許されないことを思い知らされた。そして、彼女たちにとって、やはり保護司は少なからず加害者側との認識が否めない現実を知ることになった。

被害者の家族の苦悩は一生続き、その苦しみは薄れはしないことをこの時、身をもって知ることとなった。

そして知るごとに私はこのような哀しみを一つでも防ぐためにも、非行から人々を守り、また更生に導く責任の重い役割が保護司だということを再認識させられるのだった。

## 被害者からの電話

私は現在NPO法人「ロージーベル」の理事長の任を得ている。

かねてから私の夢であった当法人は、不幸にして非行や犯罪に陥ってしまった少年たちが更生すべく矯正教育を少年院で受け、更生の意思があるにもかかわらず、仮退院できるまで進級していても引き受け先がなかったり、引受人や帰る家がない少年たちが施設の空きを待っていることを、少年からの一通の手紙から知ったことがきっかけとなり設立された。

そのような少年たちが全国に数多くいること、また、家族による虐待に耐え、何とか生き長らえている児童、少年たちの存在を知るにつけ、彼らの帰る家を作りたい、保護し、生きていることの幸せを感じられるそんな家を作りたいと思った。

家族という形を知らない、家族愛も知らず、生きることの喜びも知らない少年たちに、あたたかく彼らを迎える家や家族の待つ家を作りたい、との思いから純粋な心を持つ有志が集まり二〇〇八年法人を設立。二〇一三年の建設、開所を目指し準備をしていたものの、必要の風が吹き、時を待たずして二〇一一年一月、協力者の力を頂戴し、借家にて無事開所、少年たちのケアをしながら現在に至っている。

二〇〇七年、一〇月、何か不思議なことをしている人がいる、との情報でも入ったのか、地元のテレビ局のニュース担当ディレクターから取材依頼があった。それは当法人の活動を取材したいとの意向だった。

日本にはこのような少年たちがおり、社会の理解と協力で彼らを更生させることも、そして彼らが生きる喜びを感じ、幸せを掴むこともできることを広く知っていただくためには、取材を受けるのも必要なことではないか、との理事会の判断により、大まかな当法人の動きと、年間の啓蒙活動として講演会を開催しているので、そういう取材であればお受けしようということになった。

取材終了後、数日でその模様が夕方のニュース番組中の特集としてオンエアされた。ニュースがオンエアになると、ありがたいことに私のもとにはいろいろな方々からの激励の電話が殺到した。

このようにいつもテレビや報道のオンエアの後は、受話器を持ちっぱなしで家中を駆け回るという状態が一時間以上続くのが通例とも言える。

やっとひと段落し、食事の支度をしていると、また、電話が鳴る。味噌汁用のジャガイモを煮ている鍋が沸騰し始めたのだが、すぐに終わる電話だろうと高をくくり、そのまま受話器を取った。だが、受話器から聞こえる声は、聞き覚えのある声ではなく、少し厳しい感じの抑揚がある話し方の女性だった。

「もしもし、大沼えり子さんですか？」

「あ、はい、大沼です」

「今、テレビのニュース見て電話したんですけどね、今、大丈夫ですか？」

いやな予感がした。

「はい、大丈夫です」

「私、〇〇に住んでるFというものですけど、私、息子を殺されたんです」

ドキッとした。きっと怒り心頭の電話に違いない。被害者のご家族の気持ちは本当に分かる。以前の被害者のご遺族と話した経験からも、その辛さは尋常ではないばかりか、その家族の命が続く限り、その家族にはもはや元の幸せは訪れはしない。

哀しみと辛さと憎しみ、怒り、その上世間からの目を抱えての、その後の人生を私は知っていた。その苦しみは余人の計り知れるものではないのだ。

被害者家族からの電話はいつも私の進む道に疑問を投げかける。たとえケアしている少年たちが重罪ではないとしても、非行少年と言えば彼らにとっては同じ穴のムジナとの感が強いだろう。

その彼らをケアしようという私の行動は、被害者家族にとっては理解しがたいどころか、憎むべき行為にも値するのかもしれない。

私は「何を言われても仕方がない」と思っていた。ただ、「もし、被害者のご家族が私に何か言うことで、少しでも心が軽くなってくれるのなら……」

そう思い、覚悟を決め、話を進めた。

「殺されたって、お幾つのお子さんですか？」

「一五歳です。志望高校に入学したばっかりでした」

「え？　あ、そう……ですか……。そう……。あの、これしか思いつかないので、傷ついたらごめんなさいですが、お悔やみ申し上げます」

まただ。あの感覚。何とも表現しがたい。もう、ただ、ただ、この感覚から逃れたい一心ながら、こういう言葉はわざとらしくはないのか？　そんなことを思った。神経がぐんぐんすり減っていくのが分かる。一五歳の少年の命が奪われたと思うとやりきれなかった。

「事件……で、ですか？」

「はい！　一一人の少年たちに殴る蹴るされて死んだんです。ぼろぼろにされて……」

私は泣きそうだった。もう、悲しくて泣きそうだった。

「でも、なぜ？　友達だったんですか？」

Fさんは察したようで、

「いいえ、違います。私の息子は一緒について行って殺されたんです」

彼女は私が住む市の隣の市に住んでいた。もし近くでそのような事件があれば大騒ぎになり、私の耳にも入るはずだ。特に少年事件なら間違いなく入ってくる。だが、そんなニュースは聞いたことがなかった。

「よく、分かりませんが、そんな事件があったんですか？」

「ありました！　でも今みたいにあんまり騒がれなくて……」

「そうですか、知らなくてごめんなさい」

彼女は事件について詳しく話し始めた。

「うちの息子は高校一年生だったんです。高校に入学して友達ができたんです。

その友達が、いつもパシリをさせられているグループから離れたくて、うちの息子と仲良くしていたんです。

でも、その友達が以前の仲間から呼び出されて、一人で行くのがいやだから一緒に行って、って頼まれて、付き添いで行ったらしいんです。

そしたら、その友達が、もう抜けたいというか遊びに加わらないって言ったらしくて、そんなこと許さねーからって、その友達に暴行を加えて、かばったのかな、一緒について行ったうちの息子をぼこぼこにしたらしく、その日の夜、死んだって知らせがあったんです」

「一一人⁉」

「そう、皆で寄ってたかって死ぬまで殴る蹴るされたんです。何もそこまでしなくったって……」

また身体が震えた。想像もできない、いや、したくない情景が目に浮かぶ。

「ほんとに……。ほんとに……。ひ・ど・い……」

ひどい！　ひどい！　胸が詰まる。頭がガンガンする。涙がこぼれる。声が出ない。

どんなに責められても仕方ないと思っていた。それでこの母親の気が済むのならいくらでも責められたい、とも……。

だが、電話の主は私を責めたりはしなかった。それどころか、

「もうあの時の連中は世の中に出てきてるの。家の前を平気で車で通るんだよね。幸せそうに笑って、彼女なんか連れて……。それ見ると殺したいって思うの」

「分かります……」

「でもね、うちの子、帰って来ないんだよね」

「ん……」

「だからね、あんなひどいことしない人、育ててほしいの」

「え？」

「あなた、そういう仕事しようとしてるんでしょ？　非行少年たちを立ち直らせるんだよね」

「そう……、努力してるつもりです」

「私ね、あいつら本当に憎い。でもね、あいつらだけが悪いんじゃないって思うの。だからね、非行してる子も立ち直れば悪いことしないでしょ？　立ち直ったら、うちの子がされたようなことしないじゃないですか。だから、あんなことする前に立ち直ってほしいと思って。それにあなた、家族のいない子の家建てるんでしょ？　家族いない子は寂しいんだよね。私には分かるの。だから、応援します。頑張って！」

寂しいのはお母さんの方なのに、怒っていいのはお母さんなのに、なぜ……？

信じられなかった。

「あの……。あの……。そんな優しいこと……言わないで……もっと責めて下さい……。その方が……。私は……大丈夫……ですから……」

声が出ない。嬉しいのか悲しいのか、あまりにも立派で、優しくて、何なのか訳が分からない。ただ、もっと責めてほしいと思った。その方が気が楽だとも。

「私ね、あなたみたいな人好きだよ。あなたみたいな人がいないと世の中、泣く人増えるもん。たまたまテレビ見てたらあなたが出てて、痩せてるのに頑張ってるの見たら、本当に頑張ってほしいって思ったの。そしたら直接言いたくなって、電話しました」

「……ありがとうございます……。頑張ります。必ずご期待に添えるように、お母さんのためにも、息子さんのためにも一生懸命頑張ります。ありがとう……ございました……」

振り絞ったこの言葉が精一杯だった。

「うん、頑張って！　じゃ……」

「あの、できれば息子さんにお線香を上げさせていただけませんか？」

「え？」

「あの、ダメですよね。以前申し出たら来ないでくれって言われました。お墓にも家にも来ないでくれって……」

「そんなことないよ。ありがとうございます。でもいろいろあって今家にいないから」

「なら、どこに行けばお母さんに会えますか？　もうちょっとお話を聞かせてほしいんです。私にできることがあれば何かしたいし……」

「別にしてほしいことなんかないけど、でも私、お店やってるの。そこなら毎日いるから、いつでもどうぞ！」

「そうですか、ありがとうございます。では少し後になるかもしれないけど、そのうちお邪魔致します」

「是非来て下さい。いつでもいいですよ。待ってますから。その時ゆっくり話しましょう」

「あれ？　ニュアンスが違う」と思った。狐につままれた感覚のまま、無性に私は彼女に会いたくなった。一日も早く会いたくなっていた。救われたいと思った。

あの本が送られてきたあの瞬間から抱え続け、何をしていても重く心にのしかかるこの苦しすぎる呪縛から、救われたいと懇願していた。

## 出会い

鏡に映る夕暮れのベランダに一羽の赤とんぼが止まっていた。

Fさんが「いつでもどうぞ」と言ってくれた日から、はや一週間が過ぎ、日々の忙しさに紛れ、お伺いする日を逸していた。

「早くおいで」

赤とんぼがそう言っているように思えた。

「今日こそ行こう」

その日は少年院ＤＪの収録があった。だが、もう我慢できない。彼女の営むお店は深夜一二時までと聞いていた。七時半からの収録なら一〇時には終わる。その後なら間に合うかもしれない。そう思うと心が弾んだ。

とにかく彼女に会いたかった。あの本以来、どこか後ろめたさのような心に重圧としてのしかかる何とも言えないこのもやもやを一刻も早く払拭したいと思っていた。「救いの神」そう思いたかった。

予定通りの時間に収録が完了し、スタジオから外に出ると、夕方の天気が一変、どしゃ降りになっていた。「彼の涙？」つい、そう思った。

「とにかく行く！」そう決心し、慌てて家に帰ると、私は黒っぽい洋服に着替え、一五歳の少年に合うような篭入りの可愛い花を買い求めＦさんの店に向かった。電話は控え、というよりなぜかできないままＦさんの店へと車を走らせた。

秋の夜の雨は寒さを招き、通り過ぎる車のヘッドライトが目に眩しい。ワイパーを最速にし、とにかく何も考えないようにしようと思った。Fさんの店までの車での二〇分は長かったのか短かったのかさえ覚えていない。

店の前に車を止めると、デジタルの時計が23：11と表示していた。よかった、まだ間に合う。そう思ったのもつかの間、店の前に出ているはずの看板がないことに気付く。

「あら？　今日はやってないのかしら？」そう思いつつも車を降り、店の前に行ってみた。店は暖簾《のれん》も仕舞われ、鍵がかかっていた。

「もう、終わったのかな……」落胆していたが、気をつけて見てみると、かすかに店の中の灯りがついていることに気付いた。

「まだ中にいるかもしれない。もしそうならお花だけでも……」そう思い、だめもと承知でドアを叩いてみた。すると店の中に人影が動く様子があり、中から「はい？」との声が聞こえた。

「あの……、夜分にすいません。お店はもう終わりですか？」

「はい、今日はもう終わりにしました。誰？」

「あの、大沼と申します。営業は一二時までと聞いていたので、Fさんに……」

「あー、大沼さん。待って！」

と同時に、鍵が外され勢いよくドアがあいた。

そこに立っていたのは紛れもなく電話の主のFさんだった。

「あらごめんなさい、今日は雨でお客さんもさっき帰っちゃったから、もう店閉めて帰ろうと思って、女の子も返したから何か忘れ物でもしたのかと思っちゃった。あ、とにかくどうぞ、どうぞ！」

「あの、いいんでしょうか？　今日は早く帰られる予定だったんじゃないんですか？」

「あ、そうだけど、でも少しなら大丈夫。いいから入って」

あまりに気さくでビックリした。

Fさんの店は広く、小上がりには20人くらいが座れるテーブルが並んでおり、小上がりを背にしたカウンターテーブルをはさんで調理場があった。彼女はカウンターテーブルの椅子を引いて「どうぞ」と促してくれた。そしてカウンターの中に入りお茶を入れて出し、またカウンターテーブルに戻り、私の横に腰掛けた。

「突然お邪魔して申し訳ありません。もっと早く伺おうと思っていたんですけど、なかなか時間の調整が下手で、今になってしまいました。こんな時間にすみません」

何回謝るんだろう、と思っていた。

「あら、いいの、いいの。来てくれてありがとうございます。この前は突然電話してごめんなさい。ニュースであなたのこと見てたら、電話したくなっちゃって。そしたら電話してたのよ」

「ああ、いいえ、ありがとうございます。あ、これお花です。息子さんの仏壇にでも供えていただければ嬉しいと思って……」

「……」

「あの、もし良ければでいいんです。いやならお店にでも飾って下さい」

「……」

「あの、派手でしたか？　あの……、息子さん、若かったから可愛い方がいいかなって……。あの……。ごめんなさい……」

「あーそうじゃないの、ありがとうございます。喜んでいただきます。でもね、仏壇ないから、どうしようかな？　って思って」

「あ？　ひょっとしてクリスチャンですか？　早合点してごめんなさい」

「違うの、私ね、息子死んでから離婚したのよ。で、仏壇は主人のとこにあったんだけど……。主人はあの子の事件からメンタル的に立ち直れなくなって、で自己破産しちゃって、家も抵当に入ってるらしいの。だから皆持ってかれちゃって仏壇もどうなってるかわかんない。それに私は離婚してアパートで暮らしてるから、箪笥の上に小さな写真があるだけなの。だから置けないかなって思って」

「自己破産?」

「そう、あんな事件があってから主人は生きる支えみたいのをなくしちゃって、よくある話みたいになって、全部取られたって訳なの」

「あの……、そうなんですか……」

「そうよ、事件ってその当事者だけじゃない、家族は一生地獄みたいなもんよね。特に子どもが殺されるって、ほんとに……。気持ちも家族もぐちゃぐちゃになる」

「……。でも、Fさん頑張ってる……」

「そう、だって頑張るしかないんだもの。どんなに悔しくても、もう息子は戻って来ないんだから、生きていかなきゃなんないんだから、仕方ないじゃない」

「うん……。すごい……。えらい……。私ならダメかも……」

胸が締め付けられる。涙がこぼれそうになる。と、

「泣かないで、私、泣かれるの嫌いだから。もうさんざん泣いたから、それでいいの」

ごくんと唾を飲み、涙を一緒に飲み込んだ。咳払いをし、

「でも、加害者に対してはどうですか？」

「ひどいね。事件の後一回来ただけで、その後は誰も来ない」

「え？　家族は？」

「来ないわよー、それにすれ違ったって挨拶もしないで知らん振りして通って行くから」

「ええ？　それって何？」

「それに、加害者の子たちなんか、さっさと出て来ちゃって、車に彼女乗せてこの辺走り回ってたって、一度も来ないわよ。ニコニコ笑っちゃって、頭にくる」

「それって、おかしいんじゃない？　普通は謝りに来ないいんですか？」

「知らない。そうしちゃいけないいんじゃないの？　みんな平気な顔して楽しそうにしてるわよ」

まったく理解できない。

「あなた、保護司してて被害者のとこに謝りに行くって言ってたけど、ほんと？」

「はい、ほんとです。一緒に謝りに行きます。それからが本当の更生の始まりだと思って

るから。でも加害者の方に連絡して、加害者の同意の上ですけど……。でもそんなに重罪じゃないから……」

「それがほんとじゃないの？　私はまたそうしちゃいけないっていう法律でもあるのかと思ってた」

「ないですよ、少なくとも私の認識の中にはありません」

「あら、そう、なら、なんであの人たち来ないの？」

「分かりません……。あの、すごく言いにくいんですけど、加害者についてはどう思われてるんですか？　私だったら、って思っても全然想像できないんです。あ、答えたくなければ大丈夫です」

「あの子ね、私がやっているお店が忙しいからって殺される前の週、アルバイトしてくれたんです。そのアルバイト料でずっと欲しかったって言ってたスニーカー買って大喜びして学校に履いて行ってた。殺された時、その靴履いてたんです。いい子だったのに……。友達に一緒に行ってくれって言われてただ付いて行っただけなのに、なんで家の息子が殺されて、一緒に行った子が生きてんの？　その子も、あの後、全然来ないんだよ」

「……」

「あ、加害者についてだっけ？　相手にしないことかな？　そりゃ、事件当初、一度だけ全員で謝りに来たんだけどね。ずらっと一列に並んで……殊勝な顔してさ。その時はほんとに全員殺してやりたいと思った。包丁で全員刺し殺してやろうって思ったの。憎くて憎くて……。でも、できなかったんです。刺せなかった。できなかったの。本気で反省してたかどうかなんて疑わしいもんよね。でも、できなかったの。情けないんだけどできなかった」

「……。どうして……？」

「息子が『すんな』って言ったんじゃない？　多分……」

もう、いっぱいいっぱいだ。

「でね、こうなったら何とか生きていこうって決めたの。息子が早く来いって言うまで生きてろ、ってことだと思うから。それに店のお客さんもこの店だけは潰すなっていうし……」

「生きて下さい。お客さん、居てくれてよかったですね。息子さん、お母さんのこと大好きなんですね」

「そ！　だからね、今、私、朝四時に起きて、ある大学の生徒さんたちに朝ごはん作ってるの。みんな家から離れて朝ごはんどころか普通の食事も満足にとれないでしょ？　だからそこでお母さんしてご飯作ってるの。その日その日で学生さんの顔色が違うでしょ？　そしたら、何かあったの？　って相談にも乗れるし、誰かが頑張って！　って言うだけで元気になれたりもするでしょ？　息子だと思って、あの子の分まで毎日を大事に生きようって……」

「凄い……」

凄すぎる。言葉もない。ただ見つめるだけの私に、

「で、あなたのテレビ見てあなたの頑張り見たら、電話しようって思ったの。更生って大事よね。子どもたちは悪い子達ばかりじゃないもの。あなたの活動で一人でもいい子になればそれは凄いことだと思うの。だから、頑張って！　それに私にできることがあったら手伝いますから、言って下さい」

「……ありがとうございます……。あの……、私こそ何かお役に立てることがあったら言って下さい。あなたの役に立ちたい。今日、来れてよかったです。お会いできて本当によかった。もし、よかったらこれからも仲良くしていただけますか？」

「ええ、いいわよ、こちらこそ、仲良くして下さい。それにとにかく頑張ってね。随分痩

せてるからちゃんと食べて体力つけてね！」

「食べてます……。でも頑張ります……。ありがと……」

「あ、お花ありがとうございました。明日お墓に行くから持って行きます。部屋には飾るスペースがないから」

「はい、お願いします。大沼が持ってきたって必ず言ってね！　君のためにも頑張るからって言ってたってお伝え下さい」

「わかった、言っとく」

「よろしくお願いします」

なぜか、すっかり打ち解けていた。一般的には被害者の家族と保護司との接触はありえない中で、このシチュエーションはどれほど不思議なものなのだろうと思わずにはいられなかった。

もっとたくさん話したが、この日のことで鮮明に覚えていることは、この部分だけだ。

ただ、勇気をいただいた。哀しみの中の強さに勇気を貰っていた。

人は強い。哀しみが深ければ深いだけ、立ち上がった時の力の強さは計り知れなく、見事としか言いようがない。そしてその強さは真の優しさにつながることを私はこの時、彼女とその愛息に教えられたのだった。

## 被害者遺族の苦悩

非行、犯罪、あってはならないもの。しかし、悲しいかな、これまでもこれからも決してなくなることはないだろう。

たとえ、一つの事件の原因を究明したとしても、それが他の事件に必ずしも当てはまることはないからだ。

その原因や経緯は一つ一つ違っている。ただ、違わないのは、非行や犯罪には幸せが付いてこないということだ。いや、事件を起こすその本人には、幸せという言葉とはおよそ縁遠い歴史があったということに他ならない。

「幸せになりたい」出会った少年たちは一様にそう言った。しかし、彼らは何が幸せで、幸せとはどんなものかを知らない。そんな、悲しすぎる人生を送らざるをえなかったという現実を無視することはできない。

非行少年や犯罪者を擁護する訳ではないが、彼らは非行や犯罪を犯すために生まれて来たわけではないことだけは、間違いのない事実だと私は信じている。

# 夢

この頃から、少しずつ私の生活が変わっていった。できるかできないかも分からない夢の実現に向けてのプランがどんどん湧いてきた。だが、この夢は小さな私には大き過ぎて、実現できる自信はさほどなかった。

しかし、心のどこかでは「できなくはない」とも思ったりもしていた。そう思うと何か行動を起こさずにはいられない。

家を作るには、莫大なるお金が必要となる。我が家の収入では今生活するのがやっとだ。とても家を建てるなどという余裕は微塵もない。それに、家計に響くようでは、己本来の家族の体系を壊すことになる。それでは元も子もない。

だが、ちょうどいいことに私はものを書くことが大好きだ。子供を育て上げた暁には、

「心静かに本を書きたい」と密かに思い続けていた。それに私は暇を見つけてはその時々の想いや感じたこと、出来事などを書きとめていた。夏には割烹店も暇になる。

そこで、私は本を書くことにした。題材はいろいろあった。幸い私はなんでもかんでも題材にできるという特技がある。だから、「いろんな想いの詰まった本。そう、読者のために役に立つ本。誰もが身近に感じ、共感してくれる、そんな本。その本を読むとなぜか心があたたかくなる、そんな本。自分が人として生きてきた中で、家族やたくさんの人たちにいただいたかけがえのない心を書き記そう」

そう思い、慣れないパソコンだが、子供たちの厳しく、優しい、時には呆れられながらの指導のもと、何とか使用可能状況にたどりつき、悪戦苦闘の末、意気揚々とパソコンに向かい、本を書き始めたのであった。

## 認定特定非営利活動法人「ロージーベル」

二〇〇六年、このロージーハウス構想は一通の手紙から始まった。それは二〇〇一年から仲間たちと始めた少年院ＤＪに寄せた手紙だった。

二〇〇五年のクリスマスで、ＤＪは五年目を迎える。そこで私は何かいつもとは違うアイディアで、少年院でクリスマスを過ごす少年一人一人に特別なクリスマスプレゼントをしたいと思った。

そして、思いついたのが、入院中の少年全員の名前を呼ぶということ。いや、ぜったい呼びたい、と思った。もちろん、いつものＤＪでは私を含めＤＪメンバーのメッセージや想いは届いているはずではあったが、今回は少年たちの名前を呼ぶことで、より一層、ダイレクトな想いを伝えることができるのではないかと考えたからだ。

思い立ったが吉日、早速私は無理を承知で少年院にその旨を伝えた。少年院ではさすがに快諾とはいかないものの、これまでのＤＪへの理解と、少年たちのＤＪへ向けた期待、少なくとも毎月のＤＪを楽しみにしていることなどを考慮の上、当然のことながら、口外は厳禁、そして、記載書類の使用後即時返却の約束はあったものの、私の強い意向を組んで下さり、今回だけの限定ということで、了承をいただけたのだった。

こんなことが許されるはずはない、と思ってはいたが、当たって砕けろ、というよりは切々と訴えた私の懇願ともいえる少年たちへの想いをお汲み取りいただけた上での、苦渋の選択だったに違いない。

クリスマスは不思議だ、思いもかけない奇跡をおこしてくれる。これは私やスタッフ、そして少年たちに向けたサンタクロースからのでっかいプレゼントに違いない！　と私は勝手に確信していたのだった。

## 少年院クリスマスのスペシャルバージョン

いよいよＤＪの収録日がやってきた。収録は三つの少年院それぞれに各二時間のスペシャルバージョンということで、かなりの長丁場にもかかわらず、ＤＪメンバーの柴ティー、木村プーちゃん、ミキサーのMr'渡部とMr'大友はいつになく気合い十分、それにも増して私Ｒｏｓｙはマックスパワーで収録に向かった。

すべてがクリスマスカラー満載のＤＪだったが、終盤の少年たち一人一人の名前を呼ぶ時には、詰まりそうな喉に何度も唾を飲み込んだ。そしていたって元気に、されど優しく、「お母さんの代わりだよ、メリークリスマス」の言葉を添えて、彼らの名前を一人一人心に刻み、かみしめながら呼びかけた。

午後一時からの収録がすべて終わったのは夜の九時を回っていたが、誰一人不平をもらすことなく、一分一秒に想いを込めていた。

こうしてでき上がったＤＪチームの想い満載のクリスマスＤＪの二時間スペシャルバージョンは二〇〇五年一二月二四日、二五日、それぞれの少年院内に流れた。

私は、祈っていた。

少年たちがすこしでも、いいクリスマスを過ごしてくれますように……。

そして、彼ら一人一人の心に私たちの想いが届きますように……。

と……。

## ある少年からの感謝状

二〇〇五年が過ぎ、二〇〇六年が開けた一月の中旬のこと、各少年院の少年たちからクリスマスＤＪへのお礼文が私のもとに届いた。

皆一様に「嬉しかった」「絶対に更生する」「感謝している」という、ありがとうがいっぱいのお礼文だったが、やはり一人一人の名前を呼んだことがいっそう心に響いた、との記載がすべての文に綴られていた。

ある少年からは、みんな次は自分かとワクワクし、自分の名前が呼ばれると「ハイ！」と答えていた少年もいたという。

また、自分の名前が呼ばれた時に、お母さんを思い出して涙が出た、来年は絶対に家であったかいクリスマスを迎えるんだ、と言っていた少年もいたとの報告もあった。

一生懸命書いたであろう自筆の少年からのお礼文を見ながら、やはり成功だった、良かったと、嬉しさに胸が詰まった。

その中に、封筒に入った一通の手紙があった。その手紙には「感謝状」と書いてある。中を開いてみると、美しく整った丁寧な文字で、これまでのＤＪへの想いと今回のクリスマスバージョンのお礼が綴ってある。

その文面を読むにつれ、私は不思議な感情が湧いてきた。なぜなら、その文面には彼自身の更生への堅い決意が読み取れたものの、なぜか孤独を感じたからだった。

手紙のはじめにはＤＪへの感謝の気持ちを記していたが、中盤になると、自分は一人ぼっちで応援してくれる人、支えてくれる人はいないと思っていたが、ＤＪを聞いていると、自分の名前を呼ばれたことと、メッセージのこもった歌とが彼の心を揺さぶり、自分には応援してくれる人や支えてくれる人がいることが分かったと書いてあった。しかし、そこには、他の院生が必ず書いてくるはずの「家族という文字」は見当たらなかった。

そして、文末にはその応援してくれる人たちのお陰で自分は夢を見つけたと言う。ＤＪを聞くまでの目標は暴力団の組長だったが、自分も誰かの役に立ちたいと思うようになり、学校の先生になるという夢を持つことができた。

そして何年、何十年かかってもその夢を叶えて、私の所にありがとうを言いに来ることが最終的な自分の夢だと書いてあった。

読み終えた私は、とにかくそう思ってくれた少年がいたことに安堵した。

特に名前を呼んだことがこの少年の寂しい心に響いたのが無性に嬉しく、その手紙を何度も何度も読み返していたのだった。

ささやかなクリスマスプレゼントでも、想いを伝えることで誰かに夢という贈り物ができる、そんな当たり前すぎる嬉しい学びを再確認した日だった。

# 四九歳の夢

少年から手紙がきてから数カ月後、ＤＪの企画確認のために少年の在院していた少年院と連絡を取った折、私はその手紙を私に送ってくれたお礼を述べ、彼が約束通り学校の先生になってくれることを楽しみにしていることを興奮気味に話していた。

だが、電話の応対があまりはっきりとしない。余計なことを言ってしまったのか気にしつつ、すでにその少年は仮退院したはずなのですがと、話していくが、答える方の歯切れが悪い。そこで、私は話すべき少年院を間違えたのかとしどろもどろ状態になりながら困っていると、その少年はまだ在院している、とのことであった。

私はあんな手紙を書いておきながら、やはり何か懲罰に値することでもしたのではないかと思い、少し落胆していると、それを察したように電話の声は、そうではないことを告げた。彼の手紙ではもうすでに仮退院して数カ月が過ぎている計算だ。それなのになぜ、仮退院せずにいまだ少年院にいるのか、まったく分からない。

思わず、「なぜ?」の言葉が口を突く。

そして私はその時初めて、少年院は刑務所とは違い、確固たる引受人や引受先がなければ、たとえ仮退院が決まったとしてもそれができないことを知った。

しかし、そんなことがあるのだろうか、少年たちには家族があるはずだし、もしその家族とうまく行かなくても、更生保護施設という手があるはずだ。疑問が頭をよぎる。

だが、その少年には家族がないこと、たとえ家族があっても、必ずしも引き受けてはもらえない場合があること、逆に帰せない家族があること、そして、そのような少年たちが各少年院には数名はおり、そのような少年たちを引き受ける施設は当時、日本に四つしかないため、その空きを待つしかないことなどを知るに至った。


ショックだった。家族がいない子供がこの豊かな日本にいること、何より、その事実をこの時まで知らなかったことに大きなショックを受けていた。

するとどんなに志高く、更生の努力をしたとしてもその少年たちはなかなか社会に戻ることはできないということになる。教育もなおざりにされ、不器用な彼らが踏ん張り、頑張ろうとしたとしても、再スタートラインでストップしなければならないとは、こんな不条理があっていいものなのだろうか。

誰が家族がなくて生まれてきたいものか、誰が家族のもとに帰れないような環境に生まれてきたいものか、生きとし生けるものすべてに愛され、守られ、幸せになる権利があるにもかかわらず、その根幹である家族が彼らには存在しないなどということが信じられなかった。

しかし、私に夢を告げた少年は実際その状況下にあり、いまだ在院中、いつ仮退院できるかさえ定かではない現実がそこにあるのだ。

そして、彼はその状況においても腐ることもヤケになることもなく、約束の夢に向かって日々頑張っているという。

その時、私は決心した。彼の夢を私の夢にしようと。彼がいつの日にか本当に学校の先生になり私のもとを訪ねてくれる日のために、彼の帰ってくる家を作ること、同じように、一生懸命更生しても帰る場所のない少年たちを迎え入れる家を作る。どれだけ時間がかかったとしても、私は諦めない。

辛い時、悲しい時、嬉しい時、寂しい時、どんな時でも、彼らが安心して帰って来られる場所、自分には帰れる場所があるんだとそう思える、そんな家を必ず作る。そう堅く決心した瞬間だった。

手紙の彼の夢が、これからの私の夢に変わったのだ。こうして遅すぎるかもしれない四九歳の私の夢は実現へと向かって走り始めたのだった。

いくつになったとしても、人は夢を追いかけることで、また新たな人生を歩み始めるのかもしれない。

## 夢から現実へのスタート

この感謝状から四九歳の夢がスタートした、その二年後、あるメディアで私の特集番組が放映された日の翌日、自営の割烹で当日のお客様へお出しするための下準備に取り掛かっていた私に、見覚えはあるもののそれほどよくは存じ上げない一人の女性が訪ねて下さった。

楚々としたその女性は私を見るや、昨日、テレビを見て、感動したこと、彼女はご自身も何かしたいと思っていたが、何をしていいのか思い当らず、私の活動に役に立ててほしいと言い、胸に抱えてきた茶封筒を私に手渡した。

「これは私が働いたもので、私個人からのものです。他の誰にも、何も関係ありませんから、どうかあなたの活動に役に立てていただけたなら、私も何かできたと思えてすごく嬉しい。あなたのことを応援しています。頑張って！」とつけ添えたかと思うと、急いでいる様子で帰ってしまった。私は、彼女を追いかけて、去っていく後ろ姿に「ありがとうございます」と言うのが精いっぱい。渡された茶封筒を開けたが、手が震えた。茶封筒には帯のついた一万円札の束がいくつか入っていた。

私はこの時は夢構想のボランティアで、そんなに大金を使う術を知らない。それに彼女が働いた大切なお金をいただいてしまったことへの責任を感じた。

そしてどうしたものかと思いつつも取りあえず慌てて銀行に走り、新しい通帳を作り、そこに預金することにしたのだった。

今考えてみると、この時から、少年の家構想が夢ではなく現実に向けて走り出したのだった。

## K弁護士との出会い、そして少年の家の実現へ

実の所、帰る場所のない少年を迎え入れるという夢は、これから先、私が六〇歳を過ぎたころにでも細々と始められるかな、という感覚でいたのだが、この楚々とした女性との出会いが、一気に私の意識を実現へと誘っていった。

時を同じくし、あちらこちらの個人や団体、企業の方々、また、お店のお客様などからご寄付の申し出があり、私個人として受け取ることは憚《はばか》られることから、何とか基盤を作らねばと考えあぐねていたその矢先に、ある少年事件の付添人という弁護士から電話があった。

彼が担当していた少年は、当時私が保護司として受け持っていた少年で、私の指導監督が至らず、再犯の上、何と私が被害者と同じ立場になってしまっていた。私は責任を痛感し、その少年を更生に導くことが務め、と悔し紛れに勢いづいていた。

しかし、彼から電話がくるまで、私は少年事件に付添人として弁護士がつくなどとはま

ったく知らず、なぜ弁護士から私に電話があるのか皆目見当がつかない。

ましてや、それまでの私は弁護士はお金がかかる、というイメージがあったし、その少年が弁護士を雇うお金などまったくないことを承知していたので、少年のために弁護士が何をするのかもわからなかった。そのため、せっかくいただいた電話にもかかわらず、けんもほろろに対応した挙句、電話の最後には私の名前でパソコンを検索してみるように話すなど、失礼極まりない対応で電話を切ったのだった。

もちろん、その時、K弁護士はかなり憤ったに違いないものの、そんなことはお構いなしの私だ。今になって考えてみても、彼にとっては最悪の出会いだったに違いないはずだが、彼は大人だった。

その後、パソコンをきちんと見てくれた彼が再度電話をくれて、「少年の家の必要性を感じている」と、私の活動に賛同してくれたのだ。

数々の無礼にもかかわらずK弁護士の広い心のお陰で、その後、私たちは意気投合し、志を共にする心優しき仲間たちと共に、二〇〇七年NPO法人「ロージーベル」準備委員会を立ち上げることができたのだった。

そして、準備委員会発足後数カ月が過ぎた二〇〇八年一〇月、私たちの夢を乗せた、少年の家「非営利活動法人ロージーベル」が驚きの超ハイスピードで設立したのだった。

## 世間の不条理

こうして少年の家構想は実現へと向けて着々と準備を進めていった。

私はスタッフの温情を受け、自分の力量も顧みず法人理事長に就任。K弁護士は副理事長、以前から親交のあったホームレス支援法人のT理事長が副理事長に就任してくれた。そして、加えて理事九人、監査一人という最強メンバー体制で法人は運営をスタートした。そこでDJをはじめとする青少年健全化に向けた取り組みを行いつつ、会員を募り、ご寄付の呼びかけをし、少年の家建設と二〇一三年の受け入れ開始に向けての活動が始まった。

法人発足後、できる活動には積極的に取り組んではいたものの、いろいろな現実に直面することになる。

まずはハウスの場所だ。もろもろのアクシデントを考慮すれば、やはり我が家の近所が最良となる。

また、家を建てるとなると、多額の資金が必要であることに加え、法人が財産を持つことはあまり芳しくないことも分かった。さて無知すぎるとはいえ、山積する諸問題をどうしたものかと思っていた矢先に、帰る家がなく困っている少年の存在があった。

ちょうどその時、自宅の近くにあるアパートの一つがここ一年ぐらい空き部屋になって久しいのをいつも見ていた。

その部屋は私の書斎からすぐ前に見え、歩いても数十秒の位置にある。私自身の年齢も五二歳になっており、目標の二〇一三年まではあと三年となると、体力にも不安があり、何より、その部屋がそんなに長く空いているということは、私に借りなさいと誰かが言っているというような、おなじみの能天気が頭をもたげ、スタッフに相談したところ、全員賛成とのこと、「これは動くしかない！」との思い込みに勢い付き、ついにその部屋のドアをたたいたのだった。

部屋にはハウジングメーカーの担当者がおり、思いのほか、契約も滞りなく進んで行き、いよいよ明日が本契約という日の前日、突然担当者から電話が入り、大家さんが当法人の活動には協力できない、との見解から契約はないものとして欲しい、との連絡が入った。

予想はしていた。しかし、なぜ今更、と悔しくなった。部屋を貸して欲しいと話した時点で、大まかな用途は話したはずだ。

それでも契約に向けての動きはまったく順調だったにもかかわらず、いよいよ明日という土壇場になってのキャンセルはかなりきついものがある。

大家さんは、そのような少年たちが入居して、もし何かあったら近所に悪いから、とのことが第一の理由だったそうだ。そう言われてしまうと、何も言えない。

「本当はいい子たちなんだから!」「そんなことはない!」とは思うものの、一般の人たちに、そう理解するのが当然とは言えはしない。そうなのだ、もし、何かあったらのパーセンテージはゼロではないことを私は知っている。

しかし、それはそのような少年たちに限ったわけではない。俗に言う一般家庭だったとしても、その危険性はあるではないか。

実際、私が保護司として担当している対象者は人が言うところの一般家庭の人で、同じ地域の住人ではないか。

なぜに、帰る家のない少年たちだけがそう思われなければならないのか。

あの子たちだって、好きでそうなったわけではないのに。好きでそのような環境に生まれてきたわけではないのに。いいや、逆にあの子たちだって普通の家族というあたたかい環境に生まれてきたかったに違いない。

彼らは一般の人たちが当たり前だと思っている家族の愛さえ知らないのだ。それなのに、なぜ……。どうしようもない悔しさが、こみ上げた。

反面、保護司になる前の自分であったなら、隣家に非行少年の家などという無謀ともいえる所業には、先頭切って反対していたかもしれない。

しかし現実を知ってしまった今となっては、世間の目の不条理に怒りを通り越し、悲しみがこみ上げるのをこらえられなかった。

## 我が子パワー

我がロージーベルのスタッフはとても優しい。いつも勢い任せで見切り発車という、出来の悪い理事長の私を支え、気遣ってくれるのだ。

「突然部屋が借りられなくなった」との私の落ち込み全開の報告に、それぞれが励ましのメールや電話をくれるのだが、それが優しすぎて、皆に申し訳なく、自分の力のなさを思い知らされるようでますます悲しみが増している。

自分では気が付かなかったものの、その時の私は柄にもなくかなり落ち込みが激しく、元気がなかったらしい。しかし、こういう時の私の元気回復特効薬はいつの日にも子供たちなのである。

ドタキャンの数日後、普段ならよっぽど何かない限り連絡などなく、母親の存在など忘れているのではないかと思うほど音信不通の、横浜にいる息子と娘から、虫の知らせか相次いで電話がきた。

特段の用事もないと話す。二人には、私はその時の状況と胸の内をぶちまけた。すると、二人は口をそろえたようにこう言った。

「なんだ、そんなことか。前からお母さん、それは想定内だって言ってたじゃん。そんなことで落ち込むなんて、お母さんらしくないいんじゃない。しっかりしなよ！」

即効！　重石のようにずっしり心に積もっていた暗雲一転、光明が見えた。

そうだ！　そんなことは想定内だと常々私は子供たちに言っていた。それなのに、本当に、らしくない……。今回がだめでも次がある！　きっと神様がここはあまり良くないからやめた方がいいと判断し、次のいい物件を用意してくれるに違いない！

そう思うとやたらに元気が湧いてきた。

そうなのだ、窮地に立たされた時に最後に私を救ってくれるのは、いつの時も私の二人の子供たちだ。私の元気の源、それは愛してやまない「わが子パワー」なのだ。その幸せを、またも再確認した瞬間だった。

## 捨てる神あれば拾う神あり

私の面白くない感情をよそに、その後も相変わらず向かいのアパートには旗がはためいていた。悔しいことに何をするにもその旗が否応なしに目に入る。その度にあの時の感情が蘇り、何とも言えない気分になる。

そしてその後、良い話は数カ月間耳にすることはなかった。じっとしていられない私は、あちらこちらと貸家や売り家物件を見に行ったり、売地、貸地を見つけてはことごとく足を運び、とにかく思いついたことは片っ端から取り組んだ。しかし、やはりなかなか朗報は得られない。

走り過ぎて途方にくれ、少し休もう、しばしそのことを忘れようと決めた矢先のこと、不動産屋に勤めている友人から電話があった。どうせ探しているが物件がない、という電話だろうと気のない生返事で受話器を取ると、電話口から興奮状態の友人の声が聞こえる。

「貸してくれるって！」

私はやる気もなく
「まさか……。どうせ山の中とかそういうところでしょ？」

すると電話口から、はるか遠くまで聞こえるような声が、

「そうじゃないってば、あなたの家のすぐそばの一軒家！　大家さんがいいって言ってくれたの、ちゃんとあなたの活動も何に使うかも話したんだけどね、そしたら応援してくれるって、家賃も安くしてくれたんだよ！」

「ほんと？　信じられないよ！」

「ほんとだってば！　ほんと！　明日からでも貸してくれるってよ！　今から鍵を貰いに行くから一緒に見ようよ！」

そんないい条件の一軒家なんてうまい話はありえないと、半信半疑で友人とその貸家に

行ってみたところ、そこは我が家から歩いても数分の場所にあるごく普通の一軒家で、申し分ないどころか、立地条件といい、部屋数といい、家賃といい、これ以上の物件があるだろうか、と思わずにはいられないではないか。

私は一も二もなくこの家を借りることに心を決め、心配し続けてくれたスタッフに即打診、全員一致でありがたくこの物件を借りることにしたのだった。

古の人の言うことは本当に真である。

そう、これぞまさに「捨てる神あれば拾う神あり」である。

だが私のこの場合の格言は

「無情な捨てる神あれば、でっかい拾う神あり！」だ。

こんな時、私はいつも父の言葉を思い出す。

「人が何と言おうと、真っ当なことをしていれば必ず光明がさすものだ」

お父さん、ありがとう……。

そして、でっかい神様、ほんとうにありがとうございます！

## 引越し準備

こうしてでっかい神様に拾っていただいた私は、俄然元気パワー全開で早速ハウス開所に向けて動き出した。

契約後引越しに先駆け、まず私はその日のうちに、本市の市長、民生委員会長、地域の民生委員の方々、そして引越し先の区長、班長、地域の保護司会の会長、応援してくれている保護司の皆さんに連絡、公にはしないものの、静かに引越しし、生活と活動をさせていただく旨のお願いと承諾を得た。

その後、地域の警察に連絡、地域の皆さんが心配されると申し訳ないので、という理由で警邏《けいら》の巡回などをお願いし、今度は一軒一軒の作業に取りかかった。

貸家はしばらくの間空き家になっていたらしかったが、築三〇年以上とは思えないほどきちんとメンテナンスが施されており、手を入れなければならないところはさほど見当たらなかった。

私は、この日のために、かねてから当座必要なものはストックしていた。そこで、契約後すぐに大掃除に乗り出した。大掃除にはいつも私の傍で活動の手助けをしてくれていた、店の従業員やボランティアで一緒だった友人が駆けつけて総勢七人での作業となり、このメンバーといえば掃除はお手のもので、短時間で終えることができた。

また、いつも応援してくれている電材屋さん、ガス屋さんなど、いずれも無償で手伝ってくれ、準備は着々と進んだ。

作業が終わり、茶の間に設えたコタツに座った私は、感謝の気持ちで一杯だった。突然の賃貸キャンセルの後、正直私は自分自身の引越しさえ考えていた。少年のため、私を支えてくれている人たちのために何としてもこの夢を実現したかった。

そして今、こうしてたくさんのあたたかい心と労力に支えられ見事に綺麗になったこの家のコタツに座っている。掃除や手助けのお願いに、誰一人として嫌な顔をした人はいなかった。

「いいよ！　分かった！」と、言ってくれたのだ。ありがたさに胸が詰まる。私は世界一の幸せ者だ、こんなにたくさんの人たちがこんなに小さな私を支えてくれているのか。

どんなことがあってもくじけてはいられない。入居を待つ少年のみならず、この人たちのためにもしっかりと、自分の志を全うせねば、と、改めて決意を堅くしたのだった。

人は一人では生きていかれはしない。たくさんの人々の支えがあってこそ、生きていける。そして、その支えが心の栄養になり、さらなる生きる力を湧きたたせるのだ。

## 住民の反対

大掃除が終わると、私は引越しの日までの数日間に少しずつ荷物を運び始めた。引越しは大変だが、そんなことはまったく気にならないほど嬉しさがこみ上げた。

ある日、ハウスで作業をしていると、近所の知り合いが訪ねて来てくれた。浮かれ気分の私とは違って、彼は暗い顔で「ちょっとお話があるんで、家に来てもらえますか」というのだ。

嫌な予感がした。何しろ、いつもは柔和な彼の様子から良い話ではないことは明確だった。心臓が早鐘を打つ。しかし、一刻も早く内容を知りたい。私は作業を止め、慌てて彼の家に行った。

玄関ドアを開けると、困り顔の彼が待っていてくれた。彼は近所の人がテレビなどで私の活動を知っており、その私が貸家に出入りする姿を見て、ここに引越されては困ると、彼の所に何人かが相談しに来た、きちんと説明はしたものの、その態度は強硬で、モンスターが来る、とまで言っている。

やはり地域の理解が必要だと思うので、地域の人たちを対象に説明会を開いてはどうか、と提案するのだった。

予想的中、「やはり来たか」と思った。と同時に私は

「何がモンスターなの！　あの子たちはモンスターなんかじゃないよ。そういう人たちの心こそがモンスターなんじゃないの！　そんなこと言われて黙ってたの？」

この数日間、度重なる苦情を何とか丸く収めようと四苦八苦の彼を知ってはいたものの、八つ当たりも甚だしく、当たる場所のない私は悔し紛れに彼を責めていた。

彼はそんな私に静かな口調で、きちんと説明したがどうしてもわかって貰えないこと、その訴えに来た人は地域でもとても良い人で、そんなことを言うような人ではないにも関わらず、今回だけはかなり強硬で自分にもどうにもできないと、困った様子で話す。

「だいたい、大家さんがいいと言って貸してくれ、不動産屋が中に入り、合法的に借りて

いるのに、そんなことを言われる筋合いはない、それだったら挨拶に行った時に、そう言ってくれたらよかったではないか！」と食らいつく私に、彼は、「しかし、その時には内容がよくわからず、言えなかったのではないか。それに地域も大事だから」と間に挟まれて苦しい立場にあることを告げた。

事実、私の行おうとしている活動は大目に見ても賛成派が1／3、反対派が1／3、残りは中間派と考えられる。だからこのようなことは想定内のことであった。しかし、私は当初から説明会など開くつもりはなかった。そんなことをしてしまったら、賛成派や中間派の人も反対を唱えかねない。そうなれば開所などできなくなることは目に見えていた。

そこで、私は反対を強く訴えている方々に、直接ご説明とお願いをさせていただけるよう取り計らいを彼に頼んだのだったが、なかなかお伺いの承諾はとれないまま数日が過ぎていった。

そんな中、明日に引越しという日、彼の計らいでやっとその方々の家に伺うことになった。彼はその間、近所を飛び回り、反対派の方々を説得してくれ、渋々ながらも引越しを認めていただいていたのだが、どうしても納得が得られないというお宅に私を連れて行ってくれた。

当初相手の方は「話すことはないのでお引き取りいただきたい」と何度も言われたものの、彼が「話だけでも」とつないでくれた。私は、今行おうとしている活動の詳細と、責任を持って彼らを監視監督すること、警察とも連携していただき、地域の方々にはご迷惑をかけないように万全を期すことなどを一生懸命に話した。

しかし、そう甘くはないのが現実だ。だが、その相手の方は決して頭からの反対ではなく、私の活動に関しては理解しているが、やはり不安だと話された。

相手の方の気持ちは当然「分かる」そう思った。誰が好き好んで非行少年が集まる家を容認するはずがないではないか。

だがしかし、ここまできたらもう引くわけにはいかない。必死に頼んではみたものの、やはり快くは思ってはいただけない。不安に顔を曇らせている相手の方の様子を目にしているうちに、だんだん気の毒にも思えてくる。「そんなに嫌なんだ」と思うと、今更ながらに大変なことをしようとしている自分に気が付いた。

私は決して人を傷つけようなどとは思ってはいない。ただ皆が幸せに暮らせることが一番の望みなのに、こうして人を苦しめている自分のやりたいことというのは正しいことなのだろうか。

私の目を見ようとはしない、向き合う方の姿をみているうちに、疑問符が頭に充満し、次の言葉が見当たらない。

しばしの沈黙の均衡を、彼の言葉が破った。

「代表がこうして責任を持つと言っているのですから、取りあえず少しやってみて、ご迷惑をおかけするようだったらおやめいただく、というのではどうでしょうか？　そんなことにはならないとは思いますが、もちろん私も全力でケアしますので、どうしてもだめだったら私の所にいつでも話しに来てください。そうしたならきちんと対処します」

きっぱりと話す彼の言葉に従うように、その傍らで、私は「よろしくお願いします」を繰り返し、何度も何度も頭を下げた。

帰れと言っても帰らず、しぶとく理解を求める私たちに、相手の方は顔を曇らせたまま、渋々ながら理解を示してくれるという一幕があったことも事実であった。

私はいつも助けられてばかりいる。だからこそ、期待に応えたい。それが人として与えられた私の使命なのだ。決して裏切れはしない、いや、裏切らない。

そう堅く、堅く心に誓っていた。

# 引越し

こうしてたくさんのあたたかな心に支えられ、何とか引越しができた。

この日から、地域の方々の理解を得るために私はある作戦を実行することにしていた。それはその地域を通る度に常々気にしていたごみ集積所のシートの片づけだった。

私の住む地域にはごみ集積所が各班ごとにあり、そこにはカラスや野良猫のいたずら防止にネットとシートがしつらえてある。私はそのシートが綺麗にたたまれていることがないのに気が付いており、その日からそのシートをたたみ、片づけることを実行した。

また、週に一回は近隣のごみ拾いをすることにした。

近隣では不安を持っている人も少なくないだろう中、それを容認してくれている皆さんに対し、埋め合わせとまではいかないまでも、何か役に立ちたいと、早速大きなごみ袋を持ち、ごみを拾って歩いた。

有言実行、努力なくして実現はないのだ。

いつかきっと皆さんが分かってくれる日がくる。そう信じつつの作戦追行付きの引越しだった。

二〇一〇年一〇月、実質引越しを手伝ってくれた人数一三人。

これから入居するだろう少年たちも私も、本当に幸せ者だ。だからこそ、成功させなくては、そんな勝手な使命感を胸に、こうして更生保護史上初の民間少年受け入れ家「ロージーベル」がここに誕生した。

## ハウスオープン

紆余曲折がありつつも、ある意味強行突破よろしく、その後諸々の下準備が整い、二〇一一年一月いよいよハウスが開所となった。

しかし、前倒しして入居させようとしていた少年はすでに他の施設に入居し、少年の入居がないまま三月を迎えた。

そして二〇一一年三月一一日午後、私の住む宮城県名取市は未曽有の震災に見舞われることになる。つまり私は被災者であるものの、震災についてはあまり言及したくはない。もちろんその凄まじさは言うまでもなく、大切な友人や知人、親せきさえも津波に連れて行かれてしまった。

地獄の様相を目にしたそのトラウマは、今でも私をさいなみ、季節やその時の情景が近くなると、あの日に戻ってしまうこともある。だが、私の体験などは津波に流され助かった人たちに比べたならその比ではない。

ただ、あの震災は多くの自然や命を飲み込み、その恐ろしい爪痕だけを残してさっさと引いてしまい、その後は何事もなかったかのように、静かな海に戻っていた。

まるで降りしきる雪の中をずぶぬれになり凍った服をまとい、必死で津波から逃げてくる人々の姿などその記憶の片隅にもないようだ。

私たちの生活は地震の直後からその一秒前とは一変した。全てのライフラインが止まり、電気、ガス、水道などのあって当然だったものが全て奪われ、大変な不自由を強いられることになった。電話はまったく通じず、通信の頼りはラジオのみ、寒空の中、間もなく夜がやってきたが、度重なる余震にろうそくはあまり役に立たず、懐中電灯だけが暗闇の手助けだった。

私は自宅の床に土足のまま入り、壊れたガラスを避け、足の踏み場を作りながら、倒れかかった冷蔵庫を起こし、何とか歩く場所を確保、着の身着のままで逃げおおせた人たちの役に立つと思われるものをことごとく家から持ち出し、避難所に運んだ。目をつぶると、その惨状が瞼に再現されて居たたまれず、その後数日は眠ることも忘れて避難所の人々や助けられた動物たちの支援を続けた。

しかし、驚くことにハウスは何事もなかったようにそのままだった。ダイニングのテレビの前に置いてある小さな置物一つ落ちてはいない。ただ、ライフラインが止まっただけであった。

震災から数日後、少年たちがハウスに入居することになり、そんな究極の事態と不便の中、私の施設長への就任と同時に、ハウスはオープンしたのだった。

## 顔

前述したように、「少年の家」と銘打ったロージーハウスはその名の通り、不幸にして非行を犯してしまった一四歳から二〇歳までの少年で、家族がなかったり、諸々の事情で帰る家がない少年の入居が可能となる。

ハウスはいくつかの基本的なルールがあり、それを守ることと、独立に向けて就労することが最低限の条件となっているものの、私は家族を知らない彼らに、「家族」をプレゼントしたい、「ただいま」と言ったことがない少年たちに、安心して帰れる家を提供したい、家族のあたたかさや、団欒の楽しさ、安心して生活できる喜びを伝えたいと思っていた。

言うまでもなく、たくさんの方々に支えていただき、このハウスをオープンできたわけだが、そのご協力は少年たちの入居後も留まることはない。

ハウスに入居した少年たちは入居後すぐに就労し、自立することになっているのだが、本当にありがたいことに、私は独自にその受け入れ先の事業主の方々からもご協力の申し出をいただいており、ジャンルも多くその数は数十社にも上っていた。

そのことから、少年たちは自分の働きたいジャンルの仕事に就くことができるのだが、当時入居した少年たちは一も二もなく瓦礫撤去や解体の仕事を選び、協力雇用主のご快諾のもと、入居後間もなくから就労を開始した。

全身ドロドロになった彼らは、疲れているだろうに、やっと見つけた自身の居場所を確かめるように、元気な声で「ただいまー」と、帰宅する。その明るい声と、嬉しそうに輝く瞳が、これまでの彼らの過ごしてきた歴史を思わせる。

入浴後、着の身着のままでハウスに来た少年たちのためにと、用意していた息子の洋服やジャージを喜んで着ている少年たちの顔には、やっと帰ってこれた、といったような安堵の色が見え、そこには非行などまったく無縁で素朴でくったくのない、一八歳や一九歳には見えない幼子のような少年の顔があった。

夕食後の団欒では、屈託のない笑顔が満面を彩る。その顔は、入居したてのころとはまったく違い、眩しいほどに輝いている。入居時の吊り上がった目や、どうせ、と言った投げやりな表情も、下向きの暗い顔はもうそこにはない。

ハウスに入居する少年たちが、押しなべていう言葉がある。それは「自分は生まれてこの方、笑ったことがない」というのだ。

しかし、ハウスに入居するとすぐから彼らは笑うことを覚える。その顔を見るにつけ、なぜにここに来たのか、果たしてこれまでの生活はどんなものだったのだろうかと思わずにはいられない。

まさに「人の顔はその時のその人の心情を物語る」ということを実感する。

子供は愛され、たくさん笑い、たくさん泣いて育つものだ。しかし、信じられないことに、この少年たちにはその当たり前が皆無だったのである。目の前で笑う、この可愛い少年たちの顔は、非行をしている時には狂気に満ちた顔だったに違いない。

しかし、今ここにいる少年たちは本当に穏やかで明るく眩しいほどにキラキラと光っているではないか。こんなかわいい顔の子供たちの顔を恐ろしい顔に代えてしまったのはいったい誰なんだろう。

彼らだってそんな恐ろしい顔をしたいと思っていたはずはない。招かざる逆境の中を生きるために、生き抜くための必死の抵抗、それが彼らの非行という手段であり、その悲しみを映す鋭い目が、顔が、助けてのサインだったのではないだろうか。

本当はいつもいい顔でいたいんだ。だから、誰か助けて。だからこんな顔をさせないで、と彼らの心が叫び続けていたのかもしれない。

## 頭って殴るためにあるんじゃないんだよ、なでるためにあるの！

ハウスでは食後は、リビングのコタツに集まって皆でいろいろな話をするのだが、子供たちは一様に安らいでおり、入居したときの顔とはまるで別人になっている。こんなにすぐにいい顔になるものなんだな、と感心させられるほどだ。

重ねて子供たちはとても素直で、自分の好きなものや将来について考えていることなどを、われ先に話す。きっと誰かに分かって欲しくて仕方なかったのだろう、時間も忘れて話し続け、明日の仕事が早朝出発だということさえ忘れている様子だ。

そして明日から順番でごみ集積所のシートの片づけと、一週間に一度近隣のごみ拾い、それに、誰かに会ったら大きな声で挨拶すること、という約束も大歓迎状態で、時計の針はもうすでに二一時を回っている。

「さあ、明日は四時起きでしょ。もうそろそろ寝ないとね」そう言うと、「はい！」と声を揃え、「えり子さん、引き取ってくれてありがとうございます。お風呂、気持ち良かったです。ご馳走になったすき焼きは生まれて初めて食べました。うんと美味しかったです。な！」と一九歳の少年が一八歳の少年に言うと、一八歳の少年が「今日はいろいろありがとうございました。そんじゃ、おやすみなさい」と……。

「おい！　それは一緒に言おうって約束してただろ！　おやすみなさい！　ありがとうございました！」

そんな他愛もない嬉しい会話が心をいっぱいにする。

「はい、どういたしまして。明日も仕事だよ！　大変そうだけど頑張ろうね！」

そう言い、二人を手招きすると、不思議そうに私の所に歩み寄る。

私は、一人の頭に手をやろうとすると、少年は瞬時に身をかわした。

「あら、どうしたの？　頭、よこしなさい」すると、「何でですかー、俺なんも悪いことしてないっすよー」

やはりそうだ。悲しいかな虐待を受けた子は必ず同じ仕草をする。頭だろうとどこだろうと、手を出した瞬間に反射的に逃げるのだ。私は笑いながらこう言っていた。

「ばっかだなー、たたく訳ないでしょ！　あのね、頭ってね、殴るためにあるんじゃないんだよ、なでるためにあるの！　ほら、頭出して！」

するとニ人は並んで頭を出す。その頭をなでながら「よく生きて、私の所に来てくれたね。ありがと。今日はゆっくりお休みね。いい夢みてね」

二人は照れくさそうに笑いながら、「おやすみなさい！」と嬉しいシーンを残し、そそくさと自室に戻っていく。私は透き通った高く青い夜空に、明るく光る月を見ながら、「もう大丈夫だから安心して眠りなさい。いい夢をみてね」

そう、一人呟いていた。

## うちの子はゴミなんかじゃありません！

この日も食後に皆でコタツを囲み、お茶やお菓子を食べながらテレビを見たり今日一日の出来事や、それぞれに話したいことを話していた。

コタツは団欒にはもってこいのグッズだと思う。皆でコタツに入ると、家族という感じが一層増すのだ。もちろん話も弾む。子供たちは口々に今日はこんなことをした、あんなことをしたと話してくれたり、楽しい話題で盛り上がる。

そんな中、一人の少年がこんなことを言った。

「ここに来られて本当に嬉しいし、ありがたいんですけど、でもえり子さんは物好きですよね、だって俺らみたいな社会のゴミの面倒をみるなんて、仕事でもないのに、普通はいませんよ」

私はすかさず、

「君たちはゴミなんかじゃない！　少なくとも私はそう思っている。私はゴミなんか相手にしないの！　入居の時も言ったでしょ。私は君たちのこと私の子供だって思ってんのよ。私の子供がゴミなわけないじゃない。現に君たちは一生懸命働いてすごくいい子じゃないの。分かった？　うちの子はゴミなんかじゃありません！　今度そんなこと言ったら怒るからね！」

子供たちの顔が赤くなる。目頭が赤くなった。と、同時に私も目頭が熱くなる。こんな場面を繰り返しつつ、子供たちはとても楽しそうに見えたが一番楽しんでいたのは私なのだと思う。

消灯時間は二二時としているハウスだが、子供たちはすぐに眠ると言う。私は「よく頑張ったね、明日もこの調子でガンバロー！　お休みね」そう言いながら一人一人の頭をなでようとすると、一度は頭を引くものの、思い返したように差し出してくる。

「はい、めんこ、めんこ」私はシャンプーの香りのする大きな頭を一人一人なでていた。

## 「めんこめんこ」の滋養強壮剤

こんな調子で特段の問題もなくそれなりに楽しくハウスの生活は続き、数日後の団欒の時のこと、一人の少年が突然「あ！　ここ！」と大きな声でテレビを指さしている。

「え？」とテレビを見ると、ニュースが流れていた。と、

「ここ、今日俺たちがやったとこっす！」

と、嬉しそうに話す。私は
「そっかー、すごいじゃん。頑張ったんだね。君たちのお陰で稼働できたんだね。皆助かってるさー！　ご苦労さん！」

と言うと、子供たちは照れながらも誇らしげな顔を見せ、

「さあ、明日もガンバっか！　寝るぞ！」

と、そのころには、「ハイ」と言い、手を差し出すと、自分から私に頭を持って来るようになっていた。

その後は、こちらが忘れていると、「えり子さん、忘れてますよ」とまで言うようになる就寝前「めんこめんこのおまじない」は子供たちに明日への鋭気を提供する滋養強壮剤になっていた。

## 俺、生きてていいんっすよね

ハウスで繰り広げられる出来事はすべてと言っていいほど忘れられないことの連続だが、特にこの日の夕方のことは今でも忘れられない。
相変わらず大きな声で「ただいま！」といい、ドロドロの姿にキラキラの目を輝かせて帰って来た子供たちを嬉しく迎えながら、私はいつも通り玄関前で
「ほら見ていないからそこで洋服を脱ぎなさい。で、風呂に直行！」と言った。
その時、少年はこう言った。

「えり子さん、えり子さん。俺ら役に立ってるッすよね。俺らだって役に立ってるッすよね。俺、生きてていいんすよね。俺だって生きてたっていいんっすよね、ね、えり子さん」

「何言ってんの！　そんなこと当たり前じゃないの！　いいに決まってるでしょ！」

涙がこみ上げる。こみ上げる涙を見せまいと、出てこない声を絞り出しながら、

「つまんないこと言ってないで、早くお風呂に入りなさい」

と言うのが精一杯だった。

「はい！　ありがとうございます！」

本当に嬉しそうにそう答えるこの子たちの、これまでの人生を想像せずにはいられない。この子たちはどれほどの苦しみや悲しみ、壮絶な痛みと辛さや孤独、そして絶望を体験し、乗り越えてきたのだろう。

これほど人の役に立つことが嬉しいと思っている子供たちは、他にもいるのだろうか。自分は「生きていてもいいんだ」と誰かに確認しなければ安心できない子供が、他にもいるのだろうか。

生きることを否定され、自身さえ否定し続けたこの子たちは、悲しいかな今、こんな私に「生きていていい」ということを確認することで、己が己自身に生きることを許してい

る。

ハウスは、そう思い続けた子供たちの安住の場になっているに違いない。

「自分は生きていてもいいんだ」と「生きていてほしい人がここにいるから」と、固く閉ざし続けた彼らの心の扉を開く「生き直しの場所」、それが私たちのロージーハウスなのだ。

ことあるごとにそうではあるものの、この子たちを引き受けて良かった。本当に良かった。と、この時もハウスの必要性を強く確信していた。

と同時に、この悲しすぎる未曾有の震災は社会からはじかれていた彼らに役割をくれたとも私は確信する。何万人もの尊い命を奪い、多くの物を破壊し奪い去ったこの震災が、その悲しみの中にも我が子たちに、命の息吹を吹き込んでくれたのだ。その一条の光という救いを与えてくれたのだ。そう思わずにはいられない。

私の愛すべき子供たちにこのような役割をくれた被災地と、これまで、生きることさえ許されなかった子供たちの萎えそうな命に、生きる力をくれた被災者の無念の死に、私は心から手を合わせ、「この子たちを助けて下さりありがとうございます」と、ただただ手を合わせるばかりだ。

こうして子供たちは今一度生きることを許されたのだ。

私は想う、人の死は決して無駄にはならない。無駄になんてなるはずがないんだ、と。

## 一歩

その成育歴に準じて、多少の問題もあり、すべてが順風満帆とはいかないまでも、少年たちは仕事に生活に頑張っていたことは事実だ。

一番安心だったことは、ほとんどのことを話し、相談してくれていたことである。

私はほぼ毎日少年たちと向き合い、その変化にはかなり敏感だったと思う。と言うより、少年たちが正直なのか子供なのか、その表情からその日の様子が容易に見て取れるのだ。

何か心に引っかかっていたり、不満があったり、仕事でうまく行かなかったりすると、そんな時には口には出さないまでも、ちゃんと顔に書いてあるのだ。そこを見逃す私ではない。

そんな時には、必ずしっかり向き合い話をし、即座の解決を図ることにしている。こと、仕事に関しては、各社の社長さんたちと知り合いということもあり、便宜を図って仕事をしやすくしていただくこともしばしば。不器用な子供たちだからこそそのご配慮を頂戴していた。

きちんと就労し、生活する中で、着々と自立資金を貯蓄していくと、子供たちは徐々に社会の一員である自分という存在を認め始めていることが分かる。少しずつだが、自信を持ち始めていることが見て取れるようになっていくのだ。

その頃には「自分はゴミだ」、とは言わなくなり、「生きてたっていいんですよね」どころか、生きることが当たり前になり、もっと人の役に立ちたい。とか、関係スタッフを喜ばせたいと思うようになっているようだ。

しかし、成育歴の影響は大きく、時折不安に押しつぶされそうになるトラウマに襲われる瞬間があることも事実で、そんな時の落ち込みは激しいものがある。自室で不安げに膝を抱える少年が、

「えり子さん、俺、誰に信じられなくてもいいんです。えり子さんにだけ信じてもらえればそれだけでいいんっす。」

「俺、えり子さんに見捨てられたらそこで人生終わるわ」

「えり子さんにだけは嫌われたくないっす」

独り言のようにそうつぶやく言葉は、

「あったりまえじゃないの、そんなことある訳ないじゃん。私は決して見捨てたりなんかしません。全身で信じてます！　だから、心配しないの！」

の一言を、彼が待っていることを私は知っている。

そんなやり取りを繰り返し、時には自分とぶつかり落ち込み、また逆戻りしたとしても、その立直りはいたって早い。

自分に居場所があること、自分を認めてくれる誰かがいることへの安心感と、それに応えようと頑張ることのできる自分を確立できたことが、彼らの大きな自信につながり、再生への階段を上り始めるのだ。

そうである。悲しいかな、こうして心の七転八倒を繰り返しつつ、彼らはこれから生きるための一歩を踏み出していくのだ。

人は何度でも明日への一歩を踏み出すことができる。

そして、彼らはこのハウスから生き直しを始め、超高速で大人になろうとしているのだ。

私たちはハラハラドキドキしながらも、その支えになれることの喜びを大いに満喫しているのかもしれない。

## 卒業・自立

ほぼ順調な生活を送り、貯金がたまると、いよいよ自立ということになる。

いよいよ引越しの朝、ハウスには理事の渡部が手伝いに来てくれ、ハウスからの荷物を運び、部屋のカーテンや不足しているものなどを一緒に取り揃えてくれていた。昼前には大方の荷物を運びこみ、引越しは無事完了。

ハウスに戻って皆で昼食を食べた後、少年は「お世話になり、ありがとうございました」と挨拶し、自前の自転車でハウスを後にした。

嬉しいはずが寂しさが募る。慌てて彼が住んでいた部屋の後片付けに取りかかったものの、見るもの一つ一つに彼との思い出がよみがえり涙がこぼれた。

そう言えば、皆がいろいろ差し入れをくれたっけ。あの時は随分喜んでたな。

好きなおかずはこれだったな。あんなこともあった。こんなこともあった。一人でやって行けるのだろうか。ご飯は作れるのだろうか。朝は起きれるかな。大丈夫かな。頑張って欲しい。言葉が頭の中で繰り返される。

そうなのだ。これから彼は一人で生きていく。そこにはもう私も今まで関わってくれたスタッフもいない。しかし、彼を見ていたら、そうそう一人で上手く生きていけるわけはない。多分何度も転ぶことだろう。

しかし、私は確信している。彼がこの先、何度転んだとしても、幾度失敗したとしても、このハウスでの経験は無駄になることはない。

夕食後の団欒のコタツで、皆で笑いながらスタッフの差し入れや支援のみかんを食べ、お菓子を食べ、アイスクリームを食べ、ケーキを食べながら皆で話し、笑った夜、家族を知らない彼らに私は決まって、

「みんなでこうしていられて楽しいね。家族ってこういうものなんだよ。今まで知らなかった分、君たちが家庭を持った時には、もっともっと幸せなあったかい家族を作ってね」

時間はかかったとしても、いつかきっと、この経験をもとに、あたたかく幸せな家庭を持ってくれるに違いない、そう、きっと本当の幸せを手にしてくれるはずだ。と。

嬉しい時、苦しい時、辛い時、寂しい時、その時にふとハウスのことを思い出してくれたなら、たくさんの人たちの優しさに包まれたことを思いだしてくれたなら、それだけで私は幸せだ。

何も望むことはない、ただ、生きることに不器用な彼らの未来に、誰よりも大きな幸せが待っていること、それだけを祈り続けている。

## ロージーベルの灯を永遠に

こうして喜怒哀楽の中、たくさんの人々に助けられ、支えられながら、別れと出会いを繰り返しつつロージーハウスは今日も歩みを続けている。

その後もハウスは休むことなく、少年たちの幸せを願いながら相変わらずの毎日を送っている。

今年もお盆やお正月、ゴールデンウィークなどに、自立した少年たちが「実家に帰ります」と言い、帰ってきた。狭いながらも楽しい我が家、その賑やかさは喜びにはちきれている。

行き場がなく、帰る場所も自身の居場所さえない少年たち。世の中のあらゆる制度のみならず、社会から弾かれ、援助の手からさえ漏れてしまい、忘れられた存在、いや、存在しているにもかかわらず、その存在がなく、居ないも同然の人間になっていた少年たち。

今、彼らはハウスに自分の居場所を見出し、確かに自身の心の中に、ハウスを「帰る家」と位置付けている。

そんな彼らのためにも、何があってもこのロージーベルの灯は消すわけにはいかない。いや、決して消したりしない、と強く心に誓い、私たちは存続のために日々奔走している。

そう、それがどんなに小さな灯であったとしてもである。

今、私は次の夢に向かい、ひた走っている。それは当初からの目標である、彼らの家の建設だ。帰省した少年たちが狭いハウスで雑魚寝をする様子は、いささか心が痛むし、無条件に心寄せる彼らに不動の故郷を作りたいのだ。

そうである、この日本に彼らのような少年がいる限り、私たちのロージーハウスは決してなくしてはならない。と……。

開所から六年、卒業生三二人。この全員に言い聞かせ、自分にも奮起の材料としてきた

言葉、

「夢は叶う」

そう信じて、子供たちのために、自身のためにに、大人を信じられない子供たちに約束した、信じられる大人であるために、これからも私は走り続ける。

小さな私は、そうするしか生きる術を知らないのだ。

# 愛色の絲

私は想う。非行少年やその家族にとどまることなく、誰しもが幾ばくかの心の綻《ほころ》びを抱え生きているに違いない。その綻《ほころ》びをつくろうものは、いつの世も、愛色にその色を染めつつ、つながり合う、想いという「絲」なのだと……。

# 終わりに

東日本大震災の被災者の皆様に心からお見舞い申し上げます。

私も被災地に住み、一歩間違えれば死への道のりを歩かなければならなかったかもしれませんでした。

しかし、こうして私は生きています。震災のことを書き綴ろうと思えば何冊の本が書けるかと思うほどいろいろな体験をしました。しかし、この著書には震災はさほど触れずにおこうと思います。

ただ、震災の悲惨さが、人の心の優しさや温かさ、そして私たちに命の大切さを教えてくれたことは間違いのない事実です。

本文にも記しましたが、私は志をともにする素晴らしい仲間たちと共に「認定特定非営利活動法人ロージーベル」を立ち上げました。

当法人は少年院から仮退院時に引き受け人や引き受け先がない少年を受け入れ、更生と社会復帰を助けるための「少年の家」です。

また、虐待を受けたり行き場のない少年たちを受け入れるシェルター機能も果たしています。

この少年の家は彼らのもう一つの家族であり、帰ることのできる我が家です。

「いってらっしゃい」と送り出し「おかえり」と迎える。あたたかい家族の待つ場所であり、そこには彼らの居場所がちゃんと用意されています。

少年たちの大半は、好き好んで非行に走る訳ではありません。己が招くと招かざるとに関わらず、その置かれた環境に順応できず、逃げ場を探し、行き着いた苦肉の策が非行につながる、と言うケースがほとんどなのです。

では、やはり悪いのはすべて彼らなのでしょうか？　結果だけを見ればそれは明白ですが、他の要因は無視されていいはずがないと常々感じています。

彼らには本当の家族が必要であり、家族の愛や優しさが彼らのすさんだ心を変えてくれると私は信じています。

この書には、私の保護司として、そして一人の人間として、少年たちやその家族、そして多くの人々との関わりを綴りました。

私には、あたたかなご指導やご助言、ご協力をくださる保護観察所や家庭裁判所、少年院をはじめ関係機関の皆様や、元気と勢いばかりで走り回る私に、心を重ね、気遣い、支え、助け、力をくれ、共に歩んでくれる心強い多くの大切な仲間たちがいます。

家族や頑張っている少年たちがいます。さらに、私にはいろいろなジャンルの多くの方々がご理解を下さり、力を貸して下さいます。

それらの方々のご協力と想いが強固な礎となり、それらの力に支えられ、私は今を生きています。

皆様からの力をいただいてこそ今の活動ができ、たくさんの笑顔に会うことができていることへの感謝は、一時も忘れることはできません。

時折そのすべての方々との出会いは、なぜ成されたのか、と、ふと疑問符が頭をよぎります。しかしどんなに考えても、関わって下さる方々との出会いの不思議はいまだ解明に至ってはいません。

ただ、共にする志を叶えるために出会っている、としか考えられず、これは偶然ではなく必然であり、結ばれるべくして結ばれた絲が繋がってくれたのだと、長い人生を振り返り、確信するに至っております。

何十億という人がこの地球上に生きている中、出会い、巡り合える人は限られているとはいえ、少し前までは見ず知らずの人が傍にいて支えてくれている。

こんなに多くの人がいる中で、なぜ、こんなに素晴らしい方々と出会うことができているのか、こんな取るに足らない小さな私に力をくれ、支えてくれるのだろうか。その答えは「神のみぞ知る」ことなのかもしれません。

一つの答えを出すとしたなら、人と人との出会いや関わりには必ずや何らかの意味があり、その役割を果たすためにつながる絲があるのではないかと思わずにはいられません。

私の場合は特に、その絲がつながることで、志を共に、夢を叶え、多くの笑顔を生み出す原動力となっているのです。


一つの笑顔はもう一つの笑顔を呼び、やがてたくさんの笑顔につながるのです。哀しみがほほえみにかわる日は必ずやってくると私は固く信じています。

多くの事例を経験して言えることは、家族こそが子どもたちの心を安定させ、夢や未来へと羽ばたくための礎となり、子供たちを幸せへと誘う、ということです。

そうです、家族の存在こそが子供たちの未来を左右するといっても過言ではありません。例えば発達障害などの障害を有する子どもたちであれば、なおさらその理解をもとに愛の中に育てることが大切なのです。

子どもたちには家族が必要なのです。どんな時でも彼らは家族が一番好きです。

その家族を支える地域性もこれからは見直す必要があると感じます。孤立化せず、地域というもう一つの大きな家族ができれば、幸せに向かう家族がどれほど増えることでしょう。子供たちのために今一度、家族のあり方、地域や社会の在り方、人としての在り方を見直していただけたらと念じて止みません。

この著書を通してこの想いがお読みいただいた皆様に伝わり、皆様にたくさんの笑顔と幸せを運んでくれることを心から願っております。

最後に、いつも支えて下さるすべての皆様と、この著書の出版にご協力、ご尽力いただきました皆様、そして、被害者ご遺族であられるH様、F様、そのほか出会ってくださった皆様に心からの感謝を申し上げます。

重ねて、少年に対する保護観察や執行猶予者の保護観察について、法律の改正や運用の改善が行われ、現在はもっと厳格なものになっていること、また、二〇一〇年より、特別な講習を終えた保護司が被害者のケアをさせていただくという取り組みが行われていることをつけ添えさせていただきます。

なお、この著書は取り上げさせていただきました本人、ご家族、その他機関の承諾をいただいておりますことをご報告申し上げます。

絲 ITO 君の笑顔に会いたくて

著　者　　大沼えり子
発行者　　真船美保子
発行所　　KK ロングセラーズ
東京都新宿区高田馬場 2-1-2　〒 169-0075
電話（03）3204-5161(代)　振替 00120-7-145737
http://www.kklong.co.jp

印　刷　　大日本印刷(株)　　製　本　(株)難波製本
落丁・乱丁はお取り替えいたします。※定価と発行日はカバーに表示してあります。
ISBN978-4-8454-2405-4　Printed In Japan 2017